ENRICO QUARESIMIN

COLLOQUIO DI LAVORO VINCENTE

Tutte le Migliori Strategie per Affrontare Brillantemente un Colloquio di Lavoro e Uscirne Vincente

Titolo

"COLLOQUIO DI LAVORO VINCENTE"

Autore

Enrico Quaresimin

Editore

Bruno Editore

Sito internet

http://www.brunoeditore.it

Sommario

Introduzione

Arriva quella telefonata, quella che hai sognato per settimane: il selezionatore (o la selezionatrice) che ha pubblicato quell'annuncio di ricerca personale, ti chiama per fissare un colloquio. Sei molto agitato, ci hai sperato molto, è un'occasione unica, la tua chance, quella che ti può dare l'indipendenza economica, quella che ti può cambiare la vita. Arriva il giorno X, il tuo D-Day, e ti presenti presso il luogo dell'incontro con un sano margine di sicurezza (magari tre quarti d'ora in anticipo). Non vuoi correre il rischio di essere marchiato come ritardatario!

Ecco il selezionatore. Vi presentate, vi sedete in una stanza abbastanza asettica e iniziate a parlare. La tensione che ti attanagliava lo stomaco fino a pochi minuti prima se ne va. Rispondi alle domande e parli, parli ancora, infarcendo il tuo discorso di dettagli e cercando di dimostrare al tuo interlocutore quanto tu sia adatto per quella posizione, attraverso una lode sviscerata delle tue imprese e dei tuoi meriti. Non hai paura di rispondere in modo servile anche a domande o condizioni che non fanno al caso tuo, fingendo che vada tutto bene e di essere anche ciò che non sei veramente. Tu vuoi quel lavoro, ad ogni costo!

Il colloquio termina e il selezionatore ti dice la fatidica frase: «Le faremo sapere». Te ne vai a casa tutto contento. Sei andato forte, te lo senti. Il posto è tuo e ti immagini già dietro quella scrivania, in quell'ufficio, in quell'edificio nuovo. A forza di pensarci tralasci il tuo lavoro attuale, ma che importa, tanto ti prenderanno dall'altra parte! Passa una settimana, non si sente nulla. Ne passano due, ancora niente. Arriva la terza. «Va bene» dici a te stesso «avranno da fare, ma mi chiameranno sicuramente».

Passano altre settimane, mesi, e quel *"le faremo sapere"* si dissolve lentamente nella tua memoria, assieme all'illusione di poter cambiare vita e realizzare i tuoi sogni professionali. L'esempio sopra illustra uno schema che tutti, me compreso, hanno seguito almeno una volta dopo un colloquio lavorativo. Un'esperienza del genere causa in noi frustrazione, delusione e, a volte, ci getta nello sconforto, ci spinge a dare la colpa del nostro insuccesso a chiunque meno che a noi. Scopo di questo corso è fornire alcune istruzioni per cercare di evitare situazioni sgradevoli come queste, e permettere a chiunque di approcciare l'evento-selezione in modo consapevole, al fine di aumentare considerevolmente le possibilità di successo e, quindi, di assunzione. Le strategie che andrò a illustrare nei capitoli seguenti sono frutto di esperienza personale nello svolgimento di colloqui, sia come selezionato potenziale che come selezionatore. Non ho la presunzione di essere portatore di verità rivelata, né mi presento come un guru della psicologia del lavoro. Non posso garantire il posto di lavoro a nessuno, viste le molteplici variabili presenti in questi casi (selezionato, selezionatore, posizione, situazione del mercato, esperienza ecc.), tuttavia posso assicurarti che ho avuto una percentuale di successo molto alta quando ho applicato lo schema che ti andrò a illustrare.

Iniziamo quindi questo breve ma intenso percorso, che, attraverso esempi reali e consigli elementari ma efficaci, spiegherà come avere un approccio al colloquio molto più rilassato e "scientifico", dimostrando come, in questi casi, il termine "preparazione" faccia spesso rima con "assunzione".

CAPITOLO 1:
Come arrivare preparati

Struttura del colloquio di lavoro

Prima di affrontare nello specifico le strategie da attuare, volevo ripassare brevemente la struttura di un colloquio di lavoro, per comprenderne sin dall'inizio le fasi. In ciascuna selezione, ci sono sicuramente delle differenze, legate a diversi elementi: il tipo di azienda che sta effettuando la ricerca (multinazionale, piccola-medio impresa), la modalità di contatto tra selezionatore e candidato (curriculum, referenze) e il ruolo di chi effettua i colloqui (ufficio risorse umane dell'azienda, società di selezione del personale, titolari). In ogni caso, normalmente, si possono identificare due/tre momenti ben precisi:

- colloquio iniziale conoscitivo: viene richiesto a chi si presenta di illustrare la sua formazione scolastica, le sue esperienze lavorative, i suoi hobby, le sue aspirazioni. L'esaminatore, normalmente il responsabile delle risorse umane o un suo collaboratore, presenta poi l'azienda e, in particolare, la posizione che sta cercando, soffermandosi sulle sue mansioni e caratteristiche. Possono essere poste delle domande anche sull'inquadramento attuale del candidato, sulla sua posizione lavorativa, familiare e retributiva. Per le multinazionali, questo primo colloquio può essere di gruppo, e rappresenta una vera e propria scrematura, al fine di individuare, senza grosse perdite di tempo, le persone più adatte a ricoprire il ruolo cercato;

- secondo colloquio: questo può essere quello decisivo, soprattutto se l'impresa che sta selezionando è poco verticalizzata e se la proprietà o, comunque, "chi decide", è direttamente coinvolta nel processo di scelta. In questi casi, infatti, oltre alla persona che si era incontrata in precedenza, normalmente sarà presente anche il manager cui si risponderebbe in caso di assunzione, piuttosto che il titolare o l'amministratore delegato. In altri casi, ad esempio nelle multinazionali o nelle imprese di grandi dimensioni, questo secondo colloquio serve per entrare maggiormente nei dettagli. Spesso, vengono somministrate anche delle prove per testare le reali competenze della persona. Mi riferisco a colloqui in lingua, piuttosto che a veri e propri esercizi contabili ecc. Anche qui, oltre al selezionatore iniziale, sarà presente il manager diretto, cui fa capo la posizione ricercata. Se si tratta del colloquio definitivo, si entra anche nei dettagli economico-retributivi. In tal caso, molto probabilmente, in caso il candidato sia d'interesse, l'azienda si sbilancerà con un'offerta.

- terzo e ultimo colloquio. Se si tratta di piccole o medie imprese, non avviene normalmente, è invece di prassi nelle multinazionali. In questa occasione, spesso, si incontra il direttore generale, il CEO, il presidente o la proprietà e vengono ribadite le mansioni e le caratteristiche essenziali che si stanno cercando. Sostanzialmente, salvo che l'amministratore delegato non faccia capire chiaramente di non gradire la persona selezionata (cosa piuttosto rara), verrà fatta l'offerta economica e si andranno a discutere i dettagli dell'accordo.

SEGRETO n. 1: una selezione lavorativa si divide normalmente in tre momenti: il primo colloquio conoscitivo, il secondo colloquio di approfondimento e il terzo colloquio, in sede del quale l'azienda andrà a formulare la propria offerta.

In alcune aziende poco verticalizzate, secondo e terzo colloquio possono avvenire nella stessa occasione.

Conosci il territorio in cui ti addentri!

La telefonata è arrivata e adesso che fai? Puoi scegliere di attendere il giorno del colloquio, comodamente adagiato sulle tue speranze e illusioni. Stai lì senza fare nulla, se non segnarti luogo, data e ora dell'incontro. Al contrario, puoi cominciare a darti da fare per costruire la preparazione necessaria, per avere maggiori chance di successo.

Il primo passo è conoscere l'azienda che ci sta offrendo la possibilità di giocare le nostre carte per accedere a quella posizione lavorativa. Per farlo, ci sono vari metodi, quello più accessibile e immediato è Internet. Infatti, com'è ben noto, la rete offre moltissime informazioni su qualsiasi argomento e sul conto di molti enti, pubblici o privati. Probabilmente, anche sulla ditta di cui ci stiamo interessando. Tuttavia, queste notizie possono essere fuorvianti, oppure male organizzate. Bisogna quindi capire dove cercare i dati corretti e come strutturare la propria ricerca, per non rischiare di perdersi in una montagna di notizie inutili e prive di senso o contenuto. Partiamo dal presupposto che chi ti ha contattato è proprio l'azienda che sta cercando e non un ufficio di selezione del personale, piuttosto che un'agenzia interinale. Sicuramente, avrai preso nota del nome della società, del suo indirizzo, del numero di telefono con cui comunicare in caso di imprevisti. Inoltre, è probabile che tu abbia quantomeno una vaga idea del settore merceologico o del servizio che offre.

Con queste informazioni di base, hai già quello che ti serve per partire alla ricerca di notizie. La cosa più elementare da fare è anche quella più sensata: aprire il tuo browser, andare sulla pagina del tuo motore di ricerca preferito (io uso Google per praticità, ma anche Bing o Yahoo! offrono lo stesso servizio) e digitare sulla barra di ricerca la ragione sociale dell'azienda. Purché non sia molto piccola o appena fondata, compariranno sicuramente almeno una o due pagine di risultati.

In primis, dai un'occhiata al sito aziendale, partendo dal presupposto che ce ne sia uno. Guardando la webpage, ti renderai subito conto di alcuni elementi utili per capire se quella posizione fa realmente al caso tuo. Un sito statico, con poche pagine dense di righe, con caratteri standard, pochi link e qualche vecchia immagine, dà l'idea di un'impresa poco attenta all'innovazione e alle novità che il mondo offre. Al contrario, un sito pieno di foto, dinamico, con un'area riservata protetta da username e password, con catalogo o schede tecniche disponibili per il download, è sinonimo di un'azienda attenta alle nuove tecnologie, alle nuove forme di comunicazione e al marketing.

Una pagina web ricca di notizie, che pubblica dati quali il numero di dipendenti, il range di prodotti, il fatturato, indirizzi email e numeri di telefono del management, sarà immagine di una società "aperta", estroversa verso i mercati e il mondo. Un sito in cui le informazioni sono molto generiche sarà invece riflesso di un'impresa attenta a non scoprirsi troppo, più introversa, anche se non necessariamente poco lungimirante. Ci sono delle eccezioni a quanto detto sopra, tuttavia nella mia esperienza quasi sempre il sito internet rispecchia il carattere dell'azienda.

Già da questa analisi, hai una prima opportunità per comprendere quale atteggiamento tenere durante il colloquio. Ti faccio un esempio. Poco dopo la laurea, un'importante azienda di arredamento di lusso mi aveva chiamato perché era alla ricerca di un commerciale estero back office, che seguisse i mercati in lingua spagnola. Dopo aver ricevuto la telefonata, non avevo fatto assolutamente nulla, non avevo visitato il sito, non avevo cercato informazioni ecc. Me ne stavo lì, a sognare ad occhi aperti. Arrivato il giorno del colloquio, mi sono presentato alla selezionatrice e ho tenuto un colloquio molto informale, facendo battute e mantenendo un atteggiamento molto rilassato, senza badare troppo a chi fosse la persona davanti a me, né allo stile dell'azienda stessa.

Puoi immaginare come sia andata a finire, proprio come nell'esempio dell'introduzione, anzi, peggio, in quanto non mi hanno neppure detto: «Le faremo sapere». Se in quel caso mi fossi preso la briga di visitare il loro sito web, mi sarei subito reso conto dell'eleganza del layout, delle poche informazioni presenti, dello stile sobrio e formale di ogni singola pagina. Probabilmente, mi sarei presentato in modo diverso, evitando le battute e scegliendo un approccio molto più distaccato. Questo mi avrebbe permesso, con buona probabilità, di entrare nel novero dei candidati finali.

Capisci cosa intendo? L'analisi del sito è realmente importante, ti permette di capire in anticipo lo stile di chi deve selezionarti. Oltre all'aspetto e alla forma della pagina web, è importante carpire quante più informazioni possibili riguardanti la struttura dell'impresa e le sue dimensioni e per comprendere in anticipo che tipo di intervista ti aspetta.

Mi spiego meglio: normalmente, in ogni sito aziendale è presente una breve storia e una presentazione della ditta. Direi che nel 99% dei casi tali informazioni si trovano sotto alle voci *home page*, *about* o *chi siamo*. Leggendole, puoi capire se davanti hai una multinazionale, un'azienda familiare, una grande impresa, una piccola o media realtà ecc. Se si tratta di una multinazionale o, in generale, di un'azienda con più di 200/300 dipendenti, con buone probabilità avrai davanti semplicemente qualcuno dell'ufficio personale; se, invece, le dimensioni sono più ridotte, quasi sicuramente sarà presente anche il capoufficio o, in alcuni casi, il titolare.

Prenditi del tempo per navigare nel sito web, leggi quante più pagine possibili, prendi nota dei nomi dei manager, presta attenzione alle notizie cui si dà risalto, cerca di capire dai colori, dalle animazioni, dai font, il tipo di approccio che dovrai tenere per essere considerato adatto da chi ti selezionerà. Vi faccio un altro esempio: qualche anno fa, un'importante azienda di accessori di moda aveva ricevuto il mio curriculum e si era dimostrata interessata al mio profilo. Dopo aver fissato con loro l'appuntamento, mi sono precipitato a osservare il sito Internet, analizzando quanti più elementi possibili. Stavo per chiudere, quando ho cliccato per curiosità il link *sponsorizzazioni.*

In questo modo, ho scoperto che l'impresa era sponsor di una scuderia del motomondiale e che il proprietario era appassionato di motori, dato che erano presenti su tutta la pagina foto in compagnia dei piloti del team. Dopo aver passato il primo colloquio, durante il secondo, ho incontrato anche il titolare. Nel rispondere alle sue domande, cercavo di inserire continuamente riferimenti al mondo dei motori, alle moto, usando verbi come "accelerare", "piegarsi in curva" e portando esempi riguardanti lo stesso ambito. Questo mi ha permesso di entrare in sintonia con lui, in quanto avevo colto uno dei suoi punti sensibili, quello dei motori, appunto. Finito il colloquio, questa persona mi fece una proposta di assunzione, accettando anche il mio rialzo. Questa è solo una dimostrazione di come le informazioni su un'azienda e i suoi membri e proprietari possano aiutarti ad avere successo in un colloquio.

SEGRETO n. 2: preparati in anticipo sul conto dell'azienda e studia le informazioni su Internet, analizzando il sito e cercando di coglierne lo stile, la storia e quanti più elementi possibili attraverso questo mezzo o altri a tua disposizione.

Altro esempio riguarda una grossa impresa del mercato metalmeccanico, con la quale ero entrato in contatto durante una fiera. Mi chiamarono per la selezione di un responsabile commerciale estero e, anche in questo caso, fissammo un appuntamento. Guardai il sito e vidi che pressoché ovunque c'era l'immagine di un uomo sulla quarantina. Non tardai molto a capire che altri non era che il titolare. Dedussi subito che si trattava di una presenza molto attiva e accentratrice in azienda e che la sua personalità doveva essere molto forte. Infatti, in sede di intervista, oltre alla selezionatrice era presente anche lui. A dire il vero, la responsabile delle risorse umane ebbe un ruolo di cornice poiché, in quel caso, fu lui a fare le domande, lui a rispondere alle mie, lui a tenere in mano il filo dell'incontro. Avendo colto dalla pagina web che si trattava di una persona molto presente, energica e anche un po' narcisista, ho cercato di assecondarlo mentre parlava, solleticando i suoi tratti autocelebrativi con complimenti e riferimenti nascosti alle sue capacità di "condottiero".

E gli altri cosa dicono di quell'azienda?
Oltre all'analisi del website, è importante dare anche un'occhiata a cosa si dice in giro. Quest'operazione è molto importante per capire bene la popolarità dell'azienda e il suo rapporto con il tessuto sociale di appartenenza. Altre info essenziali sono quelle che riguardano la sua solidità, come approfondirò nell'ultimo capitolo. Spesso, si trovano informazioni sulle pagine Internet dei giornali locali, a volte anche sui social network o in siti specializzati di settore.

Anche le notizie raccolte in questo modo sono utili per aiutarti ad avere il giusto atteggiamento in sede di colloquio. Tuttavia, sono preziose anche per un altro motivo, di cui spesso ci si dimentica: capire la convenienza di un rapporto lavorativo. In questi tempi di crisi, spesso, il posto di lavoro è visto come il bene assoluto e ci si scorda di come l'impiego in un'impresa rappresenti una relazione in cui tu offri la tua professionalità a servizio di qualcuno in cambio di denaro e non una concessione dall'alto, in cui la magnanima azienda offre a te, povero essere umano, la possibilità di lavorare.

Se sulle pagine del quotidiano locale o sul sito delle associazioni di categoria, ci sono parecchie notizie negative sul conto di quella ditta, relative a insolvenze, licenziamenti, cassa integrazione, allora la posizione offerta può essere anche la più interessante del mondo sulla carta, ma è meglio pensarci due volte prima di accettare.

Questo per evitarti il rischio di lasciare un lavoro magari meno stimolante di quello per cui ti sei candidato, ma in cui vieni pagato con regolarità e non hai problemi. Oppure per non incappare nella situazione in cui pensi di aver trovato finalmente un impiego e poi vedi precipitare tutto in poco tempo. Certo, un colloquio non ti impegna a sottoscrivere un accordo, ma è bene avere una visuale completa di chi si ha davanti, per decidere al meglio come comportarsi e cosa fare. Prima di formulare il tuo giudizio è comunque cosa "buona e giusta" capire se i media o le fonti sulle quali ti sei basato sono affidabili o meno: come una rondine non fa primavera, allo stesso modo, una sola fonte, a meno che non si tratti di un mezzo di stampa estremamente importante o di un'autorità universalmente riconosciuta, non è sufficiente per delineare l'immagine reale di un'azienda.

Il mio consiglio, in questi casi, è di cercare quante più informazioni possibili, dentro e fuori la rete e di fare, prima del colloquio, un'analisi rischi/benefici, per evitare inutili illusioni, perdite di tempo o situazioni peggiori.

Studia il tuo avversario

Normalmente, si viene a conoscenza del nome della persona che guiderà la selezione già dalla prima telefonata, tuttavia non sempre è così. Infatti, a volte, chi chiama non è il selezionatore: può essere la segretaria o la centralinista, e queste persone, spesso, si scordano di riferire con chi ci si dovrà interfacciare. Buona prassi è chiedere sempre il nominativo dell'esaminatore prima di riattaccare. Se la cosa ti è sfuggita, meglio richiamare il prima possibile e farselo dare. Si tratta di un dato che raramente viene tenuto segreto, ma che riveste una certa importanza per completare la tua preparazione. Come per l'azienda, è essenziale reperire (in modo legale e rispettando la privacy, naturalmente) quante più informazioni possibili su chi ti andrà a selezionare. Questa operazione può essere fatta, ancora una volta, essenzialmente su Internet e grazie al sussidio dei siti attualmente più in voga: i social network.

Il più conosciuto è sicuramente Facebook, del quale presumo tu conosca il funzionamento. In questo caso, tuttavia, quello più utile per i tuoi scopi è un social di tipo professionale, LinkedIn. Si tratta di un portale in cui ci si può iscrivere gratuitamente e permette di inserire nella propria pagina personale diverse informazioni utili, prettamente per fini professionali. Intendo le esperienze lavorative, la formazione scolastica, i propri interessi. È possibile anche fare o ricevere delle segnalazioni verso o da altre persone, vere e proprie referenze leggibili da chiunque. Come in qualsiasi social network è possibile entrare in contatto diretto con altre persone. Qui i contatti non saranno chiamati "amici" come in Facebook, ma "collegamenti". Al momento dell'invio della proposta di collegamento, può essere richiesto qualche dato della persona in questione.

Se non lo conosci, ti consiglio di iscriverti e iniziare a esplorare, può essere realmente utile per cercare lavoro, per tenerti in contatto con colleghi, clienti o fornitori e, come in questo caso, per reperire informazioni. In tal senso, è sufficiente digitare nome e cognome della persona sulla barra di ricerca di LinkedIn e, se è iscritta, vedrai subito la sua scheda, con tanto di esperienze professionali e scolastiche, interessi ecc. Questi dati possono essere protetti e non accessibili a tutti, anche se, essendo LinkedIn un social network di tipo professionale, raramente esperienze lavorative e scolastiche vengono criptate dagli utenti, perché rappresentano referenze molto utili.

Capire la formazione e l'esperienza di chi si avrà davanti è molto importante e permette di prevenire certe situazioni. Ti porto ancora una volta un esempio personale. Non molto tempo fa, ho sostenuto un colloquio con una selezionatrice, che era anche la figlia del titolare dell'azienda. Dopo pochi minuti, ha iniziato a farmi delle domande inaspettate, fuori tema rispetto al mercato o alla posizione per la quale ero candidato. In particolare, insisteva a pormi dei quesiti su cosa ne pensassi della caccia, cosa che può sembrare realmente assurda, se rapportata al fatto che l'azienda in questione produceva componenti per l'edilizia, e il ruolo che avrei dovuto ricoprire sarebbe stato quello di area manager per il mercato americano.

In quel caso, tuttavia, le domande non erano del tutto fuori luogo per me: infatti, nel profilo LinkedIn della ragazza, avevo letto che era presidentessa di un'associazione venatoria e che suo padre ne era presidente onorario. Avendo colto questo dettaglio, sono stato molto evasivo nelle risposte, nonostante io sia un fermo detrattore della caccia. Conoscere questo elemento mi ha quindi permesso di evitare risposte troppo dirette o offensive, che avrebbero quasi sicuramente pregiudicato le mie possibilità. Come dato forse non ti interessa, ma ho rifiutato la posizione, poiché non ho reputato serio chi mi selezionava basandosi su criteri del genere.

Oltre LinkedIn, altri social network quali Facebook, Twitter e Google+ possono dare informazioni utili, soprattutto per quanto riguarda gli hobby e gli interessi extralavorativi della singola persona. Come nell'esempio dell'imprenditore del settore moda che ho fatto prima, una citazione, un riferimento, un esempio legato a una passione o a un interesse del nostro interlocutore, possono far guadagnare parecchi punti in sede di colloquio. Certo, dipende dal grado di privacy impostato dall'utente, solitamente più alto rispetto a LinkedIn per questi siti.

Mi sento di avvisarti su una cosa molto importante: se il profilo del selezionatore è criptato e non riesci a raccogliere informazioni, non inviargli assolutamente richieste di amicizia o di collegamento, in questa fase. Potrebbero non essere apprezzate e viste come un modo palese di entrare in contatto a fini utilitaristici o, peggio ancora, come attentato alla privacy. Meglio incontrarsi prima di persona e poi, se l'incontro lo giustifica, agire in questo senso. In caso non si trovino informazioni sul selezionatore in questi siti, la buona vecchia ricerca su Google può sempre essere una carta di riserva. Una volta mi è capitato di cercare il nome di una selezionatrice sul motore di ricerca di Mountain View e di scoprire che, alcuni anni prima di me, aveva frequentato la stessa polisportiva di atletica leggera. In sede di colloquio, quando ho parlato dei miei interessi, ho fatto un riferimento a questa frequentazione e lei, sino ad allora abbastanza fredda e distaccata, si è sciolta subito, raccontandomi del suo passato da mezzofondista e di quanto amasse quell'ambiente.

Da quel punto in poi la conversazione ha cambiato tono e questo mi ha permesso di guadagnare credibilità ai suoi occhi. Colpire nel segno, azzeccare il riferimento giusto, rappresentano strategie vincenti e, in un ambito come quello del colloquio di lavoro, sono possibili solo preparandosi in anticipo.

SEGRETO n. 3: usa Linkedin, Google+ e i social network per avere maggiori informazioni su chi ti selezionerà, sulle sue esperienze, i suoi interessi e la sua formazione.

Che impegno ti chiederanno?

Si presuppone che tu venga contattato dopo che hai risposto a un annuncio o perché sei molto bravo nella tua professione attuale e la nuova azienda cerchi di "strapparti" al tuo datore di lavoro attuale. In ogni caso, dovresti essere a conoscenza di che tipo di offerta ti viene presentata. Nel momento in cui vieni contattato, prima di presentarti al colloquio, è bene analizzare che tipo di impegno, che sacrifici, che particolari mansioni ti possono essere richieste per quel lavoro.

Se vieni chiamato per fare il commerciale estero, per esempio, ti verrà richiesta un'ottima conoscenza dell'inglese, la disponibilità a viaggiare, a fare straordinari, a orari flessibili dettati dalla differenze di fuso orario, a esaudire al meglio le esigenze del cliente. Se la selezione riguarda una posizione del reparto di manutenzione, è probabile che ti si chieda di lavorare a turni, anche notturni, e anche durante i periodi di festa o di vacanza, quando la produzione è ferma.

Questi esempi servono a farti capire che ogni professione ha le sue peculiarità e che è bene evidenziarle prima di presentarsi al colloquio, per avere le idee chiare sin da subito e per rispondere in maniera decisa e consapevole ai quesiti del selezionatore. Ti consiglio di prendere un foglio bianco e di scrivere al centro il nome della funzione che andresti a ricoprire. Dopo averla scritta, effettua un brainstorming, annotando attorno ad essa quante più caratteristiche ha quella mansione. Segnati quanti più elementi possibili riguardanti i seguenti ambiti:

1. il campo operativo: che lavoro dovresti svolgere ogni giorno? Di che competenze hai bisogno per svolgere al meglio la mansione? ecc.;
2. le caratteristiche personali richieste: pazienza, precisione, flessibilità, rapidità ecc.;
3. i sacrifici legati a quella posizione: viaggiare molto, parecchi straordinari, lavorare quando gli altri sono in vacanza ecc.

Prenditi tutto il tempo necessario per completare quest'analisi, è molto importante. Se stai già svolgendo un lavoro simile, dovrebbe essere un'operazione piuttosto semplice; se invece non lo conosci, potresti aiutarti provando a contattare qualcuno che ha familiarità con la mansione o cercando informazioni su Internet. Una volta completato il brainstorming, controlla punto per punto quello che hai scritto e poniti delle domande, le stesse che secondo te potrebbe formularti l'esaminatore.

Prendiamo l'esempio del commerciale estero, professione che conosco bene.

1. campo operativo: ricerca di nuovi contatti, visita ai clienti,

contatto telefonico, risposta a offerte, attenzione alle problematiche ecc.

2. caratteristiche personali: flessibilità, capacità di problem solving, fantasia, tenacia, pazienza, ascolto ecc.

3. sacrifici: disponibilità a frequenti viaggi e straordinari.

Provo ora a mettermi nei panni del selezionatore e a pormi le domande esattamente come farebbe lui.

1. Parte operativa: «Come effettuerebbe una ricerca di mercato?» «Ogni quanto pianificherebbe una visita ai suoi clienti attivi e potenziali?» «Ha ricevuto una richiesta di offerta, come opererebbe?»

2. Caratteristiche personali: «Si ritiene una persona flessibile?» «Perché?» «C'è un ritardo importante in una grossa commessa del principale cliente dell'azienda, come si comporterebbe?»

3. «Per quanti giorni al mese è disponibile a viaggiare?» «Gli straordinari sono un problema per lei?»

Sono solo alcuni esempi, ma permettono di anticipare alcuni dei quesiti che potrebbero emergere in sede di colloquio e, così, di studiare in anticipo la risposta più adatta.

SEGRETO n. 4: analizza in anticipo operazioni, caratteristiche personali e sacrifici legati al nuovo potenziale lavoro e studia in anticipo le domande che il selezionatore ti potrebbe fare a riguardo, preparandoti già le risposte.

Dimostrarsi decisi nelle proprie idee e non prestare il fianco a indecisioni e titubanze, permette di dare una migliore impressione. L'unico modo di farlo, ancora una volta, è prepararsi in anticipo.

Questo lavoro fa per te?

Altro consiglio che mi sento di darti è quello di capire dentro di te se realmente il lavoro può fare al caso tuo; se le caratteristiche richieste, le competenze, i sacrifici, sono conformi al tuo modo di essere, alle tue aspettative. Spesso, infatti, davanti alla prospettiva di un nuovo lavoro, ci si fa prendere dall'entusiasmo e si tralasciano elementi importanti, come quelli legati alla nostra personalità. Fai questo "esame di coscienza" prima del colloquio, per evitare di trovarti nell'imbarazzante posizione di non sapere che fare, non sapere cosa rispondere. Se è vero che, da un lato, il lavoro perfetto è molto difficile da trovare, dall'altro, è bene che ti rendi conto già in questa prima fase se questa mansione andrebbe a cozzare troppi con i tuoi interessi e le tue attitudini.

Se sei una persona timida, abitudinaria, che non ama i rischi e non regge lo stress, difficilmente potrai sostenere un lavoro come quello del commerciale estero. Allo stesso modo, se sei dinamico, amante delle sfide e degli stimoli, non potrai resistere a lungo in un ruolo amministrativo. L'analisi sopra serve, quindi, per capire se il lavoro proposto fa al caso tuo, almeno sulla carta. Ciononostante, a rischio di sembrare contraddittorio, credo sia comunque saggio presentarsi al colloquio, per rendersi meglio conto di che cosa si tratta e chiarire subito dubbi e perplessità.

Rilassati!

Una volta conclusa la fase di preparazione sull'azienda, sul selezionatore, sulle possibili domande e dopo aver fatto l'analisi della nostra personalità in relazione alla posizione che ci viene offerta, la cosa migliore da fare è rilassarsi e visualizzarsi al meglio. Per farlo, è bene fare riferimento alla legge d'attrazione e ai suoi principi. Se non la conosci ti suggerisco di leggere le opere di alcuni scrittori americani dei primi del Novecento, come

William Walker Atkinson o Wallace Delois Wattles, appartenenti alla corrente del *New Thought*, che per prima ha introdotto nel mondo contemporaneo l'idea della legge di attrazione. In seconda battuta, puoi fare riferimento al famosissimo libro *The Secret* di Rhonda Byrne o ad alcuni ebook editi da Bruno Editore come *La Nuova Legge di Attrazione* di Giacomo Bruno e Viviana Grunert, che ha il merito di attualizzare i principi descritti dagli americani. In questa sede non ti spiegherò in cosa consiste, tuttavia segui il consiglio sotto, e ne avrai un assaggio pratico.

Almeno una volta al giorno, fino al giorno stesso del colloquio, siediti su una poltrona o sdraiati sul letto. Chiudi gli occhi e immaginati durante la selezione, mentre rispondi ai quesiti dell'esaminatore. Visualizzati spigliato, sicuro di te, privo di ogni tipo di esitazione. Immagina il viso del selezionatore mentre sorride alle tue risposte. Prova a percepire dentro di te le sensazioni positive e rassicuranti che emana questa immagine mentale e usale per rilassarti, per scacciare ogni inquietudine dalla tua mente.

SEGRETO n. 5: rilassati e usa la legge d'attrazione per

visualizzarti vincente e sicuro durante il colloquio, al fine di scacciare ogni ansia e arrivare al colloquio nelle migliori condizioni.

Ti sei preparato a dovere, hai fatto tutto ciò che andava fatto prima di affrontare la selezione. Non c'è nessun motivo per aver paura, hai le carte in regola, conosci quello che ti serve sapere sul tuo interlocutore. Fai questo esercizio per alcuni giorni e sono sicuro che non avrai nessun timore al momento della selezione vera e propria. Se credi nella legge di attrazione, attirerai verso di te quello che realmente vuoi. Se non ci credi, invece, avrai comunque rilassato la tua mente e vissuto la fase di pre-colloquio senza inutili ansie e senza affaticarti mentalmente.

RIEPILOGO DEL CAPITOLO 1:

- SEGRETO n. 1: Una selezione lavorativa si divide normalmente in tre momenti: il primo colloquio conoscitivo, il secondo colloquio di approfondimento e il terzo colloquio in cui l'azienda andrà a formulare la propria offerta. In alcune aziende poco verticalizzate, secondo e terzo colloquio possono avvenire nella stessa occasione.

- SEGRETO n. 2: Preparati in anticipo sul conto dell'azienda e studia le informazioni su Internet, analizzando il sito e cercando di coglierne lo stile, la storia e quanti più elementi possibili attraverso questo mezzo o altri a tua disposizione.

- SEGRETO n. 3: Usa LinkedIn, Google e gli altri social network per avere maggiori informazioni su chi ti selezionerà, sulle sue esperienze, i suoi interessi e la sua formazione.

- SEGRETO n. 4: Analizza in anticipo operazioni, caratteristiche personali e sacrifici legati al nuovo potenziale lavoro e studia in anticipo le domande che il selezionatore ti potrebbe fare a riguardo, preparandoti già le risposte.

- SEGRETO n. 5: Rilassati e usa la legge d'attrazione per visualizzarti vincente e sicuro durante il colloquio, al fine di scacciare ogni ansia e arrivare al colloquio nelle migliori condizioni.

CAPITOLO 2:

Come dare l'immagine giusta

L'abito fa il monaco, basta scegliere di essere quello della religione giusta!

Poco dopo la laurea, un'importante azienda del settore abbigliamento per giovani e jeanseria, mi ha chiamato per un colloquio come impiegato commerciale di back office. Il marchio era uno dei leader del mondo della moda, diffuso in tutto il mondo. La sua importanza mi aveva fatto pensare a un incontro di tipo formale. Completo, giacca e cravatta, eh sì, dovevo metterli per forza!

Quindi mi presento al colloquio come dovessi andare a un matrimonio. Puoi immaginare la sorpresa, quando mi sono trovato davanti un selezionatore in jeans strappati, T-shirt e cresta rosa sulla testa. Ero completamente inadatto, fuori luogo rispetto all'ambiente, nonostante avessi un abito molto elegante, di marca, scarpe lucide e ben pulite e non ci fosse nemmeno un capello fuori posto nella mia (a dire il vero esigua) chioma. Facile capire quale sia stato l'esito del colloquio, viste le premesse. Con questo esempio, voglio farti capire che il fattore immagine ha una valenza molto importante in una selezione.

Questo penso sia una cosa ovvia, tuttavia, spesso, si tende erroneamente a identificare l'abbigliamento giusto con il vestiario elegante o formale. Se il colloquio che devi sostenere è in banca, presso una società finanziaria, un trader, una multinazionale "tradizionale" o un importante studio di professionisti, probabilmente giacca e cravatta per gli uomini e tailleur per le donne sarebbero una scelta azzeccata.

Se, invece, la selezione avviene in un'azienda che opera nella moda, piuttosto che nel design o nel marketing, può essere che un abbigliamento informale sia quello che ti permette di avere un'immagine più appetibile agli occhi di chi ti deve scegliere. In generale, il punto di partenza è sempre lo stesso: *reperire informazioni*. L'ideale sarebbe conoscere qualcuno che già lavora all'interno della ditta, tuttavia questo non è sempre possibile. L'analisi del sito web ci può sicuramente aiutare, soprattutto se sono presenti una galleria fotografica e qualche video. Infatti, solitamente, mostrano le persone al lavoro. A volte, in occasioni di fiere o di eventi particolari, le ditte montano cortometraggi di presentazione e caricano questi video su YouTube o su Vimeo. La società per cui lavoro ha seguito questa via, facendo l'upload dei video sul web. Da essi si può vedere come gli impiegati vestano camicia e pantaloni e le impiegate gonne o jeans. Insomma, chi digita il nome della mia ditta su YouTube e guarda le immagini, comprende subito qual è lo stile imperante ed evita di presentarsi al colloquio in giacca e cravatta piuttosto che in jeans strappati e cresta verde.

Mi è capitato di dover affiancare il responsabile del personale nella selezione di un'impiegata commerciale di back office, di cui sarei stato il manager di riferimento. Quasi tutte le ragazze che si sono presentate a quell'intervista erano vestite in modo estremamente elegante, molto formale. Probabilmente, non si erano prese la briga di reperire informazioni o di capire dalle risorse in rete quale fosse l'immagine preferita dall'azienda. Inoltre, con quei vestiti, davano un'idea troppo sofisticata, troppo "manageriale", inadatta al ruolo che dovevano andare a ricoprire.

La mansione è un altro elemento molto importante per capire con quale tipo di abbigliamento è bene presentarsi al colloquio. Se sei chiamato per la posizione di dirigente o di commerciale venditore, in genere una tenuta formale non guasta, fermo restando quello che ti ho detto sopra riguardo allo stile dell'azienda. Se, invece, la ricerca riguarda lavori meno elevati gerarchicamente, un abbigliamento meno formale è sicuramente migliore.

Sempre in occasione della selezione che citavo poco fa, alla fine ho scelto una ragazza vestita normalmente, proprio perché l'immagine che mi aveva trasmesso rispecchiava quello che cercavo: una persona tranquilla, semplice e con voglia di lavorare. Non mi interessavano donne eleganti in tacchi a spillo. Mi davano l'idea di essere le classiche persone che arrivavano in un'azienda "con molto da insegnare e poco da imparare". Quella ragazza, invece, mi aveva colpito, e nella mia mente l'avevo visualizzata come una persona che avrebbe seguito le mie indicazioni, che avrebbe lavorato sodo. Insomma, a parte le competenze e l'esperienza, era contata moltissimo l'immagine mentale che mi ero fatto di lei, corrispondente appieno alle mie aspettative.

Devi quindi cercare di capire in anticipo quale potrebbe essere l'identikit che quell'azienda sta cercando. Mi rendo conto che non si tratta di un'operazione facile e, d'altro canto scopre il fianco a cattive interpretazioni e rischi. Tuttavia, non lasciando la scelta al caso e cercando di prepararti, puoi ridurre realmente il rischio di trovarti nella situazione del primo esempio: un pinguino in giacca e cravatta davanti ad un gallo con la cresta. Un pinguino in un pollaio io non l'ho mai visto, e tu?

SEGRETO n. 6: cerca di curare la tua immagine prima di presentarti al colloquio. Studia il sito web e raccogli informazioni sull'azienda per capire in anticipo quale sia l'identikit della persona ricercata e agire di conseguenza.

È importante anche gestire l'imprevisto legato all'immagine. Con le azioni che ti ho spiegato – ricerca di informazioni, immagini, video, brainstorming sulle caratteristiche della mansione ecc. – si può sicuramente prevenire una situazione di imbarazzo in questo ambito. Tuttavia, spesso, gli elementi a disposizione non sono sufficienti a prevedere con esattezza quale sia il modo migliore di presentarsi al selezionatore.

Se ti trovi come un pinguino in un pollaio, come bisogna agire? Sicuramente, non avere l'atteggiamento che ho avuto io alla selezione del marchio di moda, cioè non farsi prendere dal panico e dall'imbarazzo. La prima arma da sfoggiare è l'ironia o, meglio, l'autoironia. Se invece di diventare rosso e sudare freddo, avessi fatto una battuta sulla mia tenuta e avessi pronunciato una frase come: «Devo dire che ho proprio sbagliato abbigliamento!» oppure «Cosa dice, che possa avere qualche speranza per la divisione senior?», magari la tensione e l'imbarazzo si sarebbero sciolti e il selezionatore sarebbe andato oltre l'immagine del candidato pinguino che aveva davanti.

L'autoironia ti salva in molte situazioni, anche le più impensate. Mi è capitato di presentarmi a un colloquio per il ruolo di product manager oil and gas, presso un'azienda metalmeccanica di una certa importanza, produttrice di impianti che andavano a operare sulle piattaforme petrolifere. La sede della ditta era abbastanza distante da casa mia e, giunto a poche centinaia di metri, decisi di riempire il serbatoio della mia auto, ormai quasi vuoto. Sono andato al distributore automatico, ho inserito le banconote, selezionato la pompa, sollevato la pistola e cominciato l'operazione di rifornimento. Una volta terminato, l'ho estratta e ho erroneamente premuto la leva, lavandomi completamente di benzina. A quel punto, non nascondo di aver avuto un attimo di panico. Cosa dovevo fare? Avevo il colloquio dopo dieci minuti e non avevo il tempo di tornare a casa a cambiarmi. Chiamare per posticipare? Avrei fatto una figuraccia a 10 minuti dall'appuntamento. Alla fine mi sono deciso, e sono andato lo stesso.

Il problema non era tanto la macchia di bagnato, che andava via via asciugandosi sul vestito scuro, ma l'odore. Sembravo una tanica di cherosene e la mia auto una petroliera, tanto era forte puzza di benzina. Mi sono presentato in portineria e già dalla faccia della centralinista aveva capito che sembravo appena uscito dall'interno di una raffineria. Le dissi «Scusi l'odore, ho avuto un piccolo incidente con la pompa di benzina».

Lei sorrise e chiamò il responsabile del personale, una persona sorridente che si avvicinò per stringermi la mano.

Dopo averlo fatto, disse: «Sbaglio, o c'è un forte odore di

benzina?» Ed io, avendo visto l'atteggiamento aperto della persona, che probabilmente aveva capito l'accaduto, ho azzardato una battuta: «Sì, guardi, visto che qui si lavora sull'oil and gas, ho messo un profumo a tema!» Lui esplose in una sonora risata. Finito il colloquio chiamò il titolare e, dopo un'ora, mi presentarono la proposta di assunzione.

Questa è la dimostrazione di come l'autoironia, una battuta pronta al momento giusto, possa far superare un'impostazione errata dell'immagine o possa aiutare a venire fuori con eleganza da situazioni impreviste.

SEGRETO n. 7: usa l'autoironia per salvarti nelle situazione imbarazzanti e di emergenza.

Se hai visto il film di Gabriele Muccino *Alla ricerca della felicità* con Will Smith, forse ti verrà in mente la scena in cui il protagonista deve fare un colloquio presso un'importante broker di assicurazioni. Il giorno prima della selezione viene arrestato mentre sta ritinteggiando casa sua ed è costretto a passare la notte in cella. Il giorno dopo, ancora sporco di colore e vestito come un imbianchino, corre per riuscire ad arrivare in tempo al colloquio e si presenta così davanti agli esaminatori. L'amministratore delegato della compagnia di brokeraggio gli dice: «Ma cosa penserebbe lei se fosse al mio posto? Come potrebbe giustificare il fatto di assumere un candidato che non si presenta con nemmeno una camicia addosso?» E Will Smith: «Beh, signore, penserei che aveva uno splendido paio di pantaloni».

Tutti si mettono a ridere e lui viene assunto. Per riassumere il concetto quindi: se hai sbagliato a impostare la tua immagine per una selezione, non tutto è perduto, hai ancora un'ultima arma: la tua autoironia.

Sii una nota suonata al tempo giusto

In occasione di un colloquio di lavoro, la tendenza è quella di presentarsi con largo anticipo, per non rischiare di arrivare in ritardo. Capita, quindi, di avere un appuntamento verso le 15:00 e, alle 14:00 arrivare già al centralino e farsi annunciare. Questo è qualcosa di veramente sbagliato per due motivi. Il primo è che il selezionatore ha sicuramente da fare: magari sta incontrando altre persone o semplicemente è impegnato in riunione. Il fatto di arrivare con largo anticipo lo mette in imbarazzo, sia perché potresti incrociare un altro candidato, sia perché metti inconsciamente fretta a quello che sta facendo. Infatti, se sappiamo che qualcuno con cui abbiamo fissato un appuntamento è lì che ci aspetta, anche se è in anticipo, inconsciamente tendiamo a ridurre i tempi delle nostre azioni per andare da lui il prima possibile.

A nessuno piace far aspettare, a meno che l'attesa sia parte della strategia di selezione, come vedremo in seguito. In secondo luogo, arrivare molto in anticipo è segno di impazienza, di urgenza, di insicurezza, tutti elementi che minano la tua credibilità davanti agli occhi dell'esaminatore e ti fanno sembrare come qualcuno che va a elemosinare una chance, più che un professionista da assumere per le sue capacità e competenze. Dall'altro lato, attenzione anche al ritardo, che rappresenta in queste occasioni una forma di maleducazione.

Che tempi devi scegliere allora?
Personalmente, credo che 15 minuti prima dell'orario fissato siano il tempo giusto. Questo lasso di tempo permette di dare la

giusta tempistica all'incontro: infatti, lascia al selezionatore il tempo per finire quello che sta facendo senza pressioni e ti permette di parcheggiare, presentarti alla reception e persino andare alla toilette, senza incappare in ritardi.

Ho capito con il tempo che questa è la strategia corretta e, una volta vestiti i panni di esaminatore, ho apprezzato ancora di più questo approccio. Quando qualcuno viene chiamato per un colloquio, solitamente vive questo momento con molta partecipazione emotiva. Questo non è da biasimare: è una nuova opportunità, una potenziale svolta nella vita di una persona. Chi deve selezionare, invece, ha spesso una lista di persone da esaminare e questi incontri devono incastrarsi con molti altri impegni professionali, andando a togliere tempo prezioso alla sua mansione. Questo accade, soprattutto, per chi non fa il selezionatore di professione, come il manager.

Si può quindi capire che, se dalla parte del candidato c'è piena flessibilità e disponibilità sui tempi del colloquio, non è così per chi prende parte al processo di selezione. Anticipi o ritardi rilevanti possono comprometterne l'agenda, con un effetto domino che può portare disagi. Una persona percepita come la causa di tutto questo, sicuramente non si presenta bene ai suoi occhi e, quindi, è molto importante rispettare il più possibile le tempistiche prefissate.

SEGRETO n. 8: studia i tempi giusti e non presentarti troppo in anticipo né in ritardo all'appuntamento, per non dare l'impressione di essere in ansia e per non fare la figura del maleducato.

Attento a dove metti le ruote

Prima di darti qualche suggerimento su come gestire l'attesa quando sei già in azienda, volevo metterti in guardia su alcuni dettagli che, per esperienza, contano al fine di non fare gaffe. Fermo restando che la figuraccia ha in genere la sua medicina, e cioè l'autoironia, è sempre meglio non correre rischi e non farne. Partiamo dal presupposto che arrivi alla sede dell'azienda in auto. Ti sei preparato al meglio come ti ho suggerito. Hai fatto l'analisi dell'immagine che è meglio mostrare. Arrivi in azienda 15 minuti prima come consigliato. Parcheggi l'auto nel primo posto libero che vedi, senza badare più di tanto a questo dettaglio. Entri e ti fai annunciare dalla centralinista. Inizi il colloquio e, improvvisamente, una persona entra nella stanzetta per chiederti di spostare la macchina, perché l'hai messa nel posto riservato all'amministratore delegato.

Sembra una barzelletta, ma mi è capitato tre volte di vedere candidati parcheggiare l'auto nei posti assegnati ai dirigenti aziendali, con tanto di cartello "riservato" ben visibile. Non è un crimine, certo. Tuttavia può essere un segno di disattenzione che stona e interrompe il ritmo del colloquio. Consiglio, quindi, di cercare sempre e comunque i parcheggi riservati ai visitatori e di lasciare lì la propria auto, curandosi anche di tirare il freno a mano.

Infatti, in un'ulteriore occasione, una candidata aveva lasciato l'auto posteggiata senza freno, con il risultato che il mezzo girovagava allegramente senza conducente per il parcheggio, andando a cozzare contro la portiera della macchina di un dipendente. Altra cosa da ricordare è quella di andare alla toilette prima della selezione per non dover "combattere", oltre che con il tuo interlocutore, anche con le tue necessità fisiologiche. A me è capitato e ti assicuro che non è elegante interrompere un discorso per chiedere di andare in bagno.

Se sei un fumatore, invece, evita di smorzare la tensione con una sigaretta: l'odore che ne segue non è certo piacevole e ricordiamo che la stragrande maggioranza delle ditte non permettono di fumare all'interno dei loro locali. Altra cosa da fare è evitare di masticare chewingum davanti al selezionatore, è una cosa antipatica e, se da un lato è utile prima del colloquio per rinfrescare l'alito, dall'altro non è certo educato masticare in faccia a chi ci dovrebbe assumere.

Infine, spegni il cellulare o togli la suoneria, anche la vibrazione. Una volta, mi è capitato di sostenere un colloquio e il cellulare continuava a vibrarmi in tasca, distogliendo la mia concentrazione. Questi sono elementi apparentemente banali e sono sicuro che ti starai chiedendo cosa abbiano a che fare con un colloquio. Sono suggerimenti che sembrano dettati da una mamma più che da chi scrive un corso sulla formazione. Ciononostante, te li sto elencando per sottolineare l'importanza di tenere la calma e non farsi prendere dall'emozione, prestando attenzione ai dettagli, come del resto faresti nella vita di tutti i giorni.

Una selezione è un momento potenzialmente importante nella tua vita professionale; tuttavia, se sei preparato, se sei convinto che il ruolo proposto possa calzare con le tue attitudini e la tua personalità, allora non hai nulla da temere. Hai tutte le carte in regola per farcela e non ha senso farsi dominare dall'ansia e dalla fretta, incappando in stupidi errori che portano a situazioni imbarazzanti come quelle portate ad esempio sinora.

È una guerra di nervi, esci vincitore!

Prendo spunto dagli esempi del paragrafo precedente per spiegarti come fare a mantenere un atteggiamento rilassato anche negli ultimissimi momenti che precedono l'evento-colloquio. Sei arrivato nella sede dell'azienda, e ti sei già presentato alla reception. È più che probabile che la receptionist ti abbia fatto accomodare in un'area apposita, in attesa del selezionatore. Spesso, accade che l'esaminatore si presenti rapidamente, ma che ti faccia sedere in un'altra stanza, chiedendo di pazientare un attimo in attesa del manager di riferimento. Tutti questi eventi, seguiti da attese più o meno lunghe, possono sicuramente contribuire ad aumentare il tuo nervosismo. Partiamo sempre dal solito presupposto: ti sei preparato a dovere, sai con chi hai a che fare e non c'è ragione per farsi irritare da questo genere di situazioni.

Assumi sempre un atteggiamento calmo e disponibile, ringraziando sempre e non facendo mai pesare se il selezionatore o il manager sono arrivati con qualche minuto di ritardo. Personalmente mi è capitato che si presentassero anche dopo mezz'ora o più, ma ho sempre cercato di mantenere la calma, e non ho fatto nessun riferimento ironico a questo fatto durante il colloquio. A volte il selezionatore lo fa appositamente, come strategia, per capire la tua resistenza allo stress e comprendere il tuo atteggiamento davanti a situazioni sgradevoli e impreviste, come un'attesa, per l'appunto.

Mentre attendi, pensa ad altro, vai con la tua mente a situazioni rilassanti, pensa alle vacanze, al tuo partner, al film che hai visto con gli amici. Cerca di svagare la tua mente in quei minuti. Se c'è una rivista, prendila e sfogliala, cercando di portare la tua testa il più distante possibile da quel luogo. Questa operazione, oltre a stemperare l'inevitabile tensione, permette di rilassare il tuo cervello e dargli il tempo di recuperare, prima dello sforzo prolungato che dovrà sostenere durante il colloquio vero e proprio.

SEGRETO n. 9: rilassati fino all'ultimo momento, cercando di portare la tua mente distante dall'impegno che stai per affrontare. Questo ti permetterà di riposarti e di arrivare più tranquillo al momento del colloquio.

Se sei riuscito a rilassarti in pochi minuti, prendi del tempo per guardarti attorno. Cerca di osservare ogni elemento della stanza in cui sei, dall'arredamento ai quadri, dalle fotografie ai riconoscimenti appesi. Sono tutti elementi utili, come può esserlo un ripasso dell'ultimissima ora prima di un compito in classe o di un esame all'università. Potresti avere l'occasione di utilizzarli durante il colloquio. Se, invece, il processo di rilassamento ti richiede più tempo, non preoccuparti: in questa fase è più importante raggiungere la calma interiore piuttosto che acquisire nuovi elementi. Se non riesci a svagare la mente e a portarla fuori da quella stanza, tenta di indirizzarla ancora una volta verso visualizzazioni positive, verso immagini in cui hai successo, sei spigliato, parli tranquillamente con il selezionatore. Ti daranno sicuramente energia e, anche senza distrarti del tutto, ti aiuteranno ugualmente a raggiungere uno stato d'animo più sereno.

Ma ecco, entra nella stanza il selezionatore, vediamo come devi comportarti e cosa devi fare per giocarti al meglio il momento clou, il colloquio vero e proprio.

RIEPILOGO DEL CAPITOLO 2:

- SEGRETO 6: Cerca di curare la tua immagine prima di presentarti al colloquio. Studia il sito web e raccogli informazioni sull'azienda per capire in anticipo quale sia l'identikit della persona ricercata e agire di conseguenza.

- SEGRETO 7: Usa l'autoironia per salvarti nelle situazione imbarazzanti e di emergenza.

- SEGRETO 8: Studia i tempi giusti e non presentarti troppo in anticipo né in ritardo all'appuntamento, per non dare l'impressione di essere in ansia e per non fare la figura del maleducato.

- SEGRETO 9: Rilassati fino all'ultimo momento, cercando di portare la tua mente distante dall'impegno che stai per affrontare. Questo ti permetterà di riposarti e di arrivare più tranquillo al momento del colloquio.

CAPITOLO 3:

Come dare il massimo

La prima impressione conta

All'entrata del selezionatore, la prima cosa da fare è, ovviamente, presentarsi. È importante stringere la mano in modo discretamente energico, prestando attenzione a non rompere le ossa del nostro interlocutore. Infatti, dare la mano in modo molle o ritraendo immediatamente le dita, dà l'idea di una persona debole o chiusa. Che tu sia uomo o donna, l'impressione non cambia.

La stretta di mano deve essere accompagnata da un sorriso contenuto e da uno sguardo diretto verso quello del selezionatore. Questo atteggiamento è sinonimo di sicurezza in se stessi: si dimostra al selezionatore che si è lì come professionisti, pronti a giocarsi le proprie chance, e non da persone che elemosinano un lavoro. Con questo non voglio dire che bisogna avere un piglio arrogante, naturalmente molto deleterio in queste occasioni, ma, piuttosto, che devi cercare in tutti i modi di dare una prima impressione da persona serena e sicura dei propri mezzi. Qualunque sia la posizione per la quale ti candidi, un approccio di questo genere aiuta a produrre delle sensazioni positive nella mente dell'esaminatore e ti fa partire con il piede giusto, aumentando la tua credibilità.

Si dice, infatti, che la prima impressione è quello che conta. Questo non è sempre vero, tuttavia, in sede di colloquio, avere un primo impatto positivo ti permette di vivere di rendita per un po'.

SEGRETO n. 10: cerca di dare l'impressione di una persona sicura di sé, stringendo la mano energicamente, tenendo alto lo sguardo e sorridendo.

Ti faccio un esempio molto semplice, riferito alla vita di tutti i giorni. Sei al centro commerciale a fare la spesa e ti ferma una signora mal vestita con i capelli arruffati. Parla in modo basso e non ti guarda negli occhi. Ti propone di acquistare un apparecchio per purificare l'acqua. Molto probabilmente, la congedi in maniera molto rapida con un: «No, grazie!» e tiri dritto per la tua strada. Alla galleria successiva, ti ferma un'altra signora, della stessa età, sorridente, capelli perfettamente pettinati, sguardo alto e sorriso. Anche lei cerca di venderti lo stesso prodotto. Quasi certamente, ti fermerai qualche istante in più da lei, visti i modi gentili e affabili. Magari non comprerai il suo apparecchio, ma lei avrà ugualmente catturato la tua attenzione, in un modo decisamente più efficace rispetto alla prima.

Prova a riflettere: una mano "moscia", con occhi bassi e viso cupo, equivale esattamente alla signora sciatta; la stretta energica, accompagnata da un sorriso e uno sguardo alto, corrisponde alla signora elegante che ha catturato la tua attenzione. Come già specificato nel capitolo precedente, la tua immagine conta e il modo di presentarsi rappresenta un'ulteriore fase nella sua costruzione agli occhi del selezionatore.

Nell'atto di presentarti, puoi semplicemente dire la parola: «Piacere» o dirla seguita dal tuo nome o cognome o, semplicemente, dal nome proprio. Personalmente, non amo dire o sentirmi dire solo il cognome, ma dipende molto dai gusti e dallo stile dell'azienda. In ambienti più formali, probabilmente andrà bene, mentre in realtà più moderne verrà vista come una formula un po' arcaica. Nessuno di questi modi è giusto o sbagliato a priori, dipende sempre dal tipo di azienda e dal tipo di interlocutore che hai davanti.

Comprendi al volo chi sta di fronte a te

Nel primo capitolo, ti ho spiegato come puoi raccogliere informazioni sull'esaminatore e i suoi interessi. Ora hai l'opportunità di studiarlo dal vivo. I primi momenti, come la presentazione, le chiacchiere scambiate mentre ti porta verso la stanza in cui avverrà il colloquio, l'atteggiamento generale, ti danno già alcuni indizi preziosi. In poche parole, quello che devi fare nei primissimi minuti di conoscenza del tuo interlocutore è esattamente fare quello che lui fa con te: studiarlo.

Prova a fare una rapidissima carrellata delle informazioni che hai ricavato con la ricerca su Internet illustrata durante il primo capitolo. Usale come punto di partenza e cerca di capire l'atteggiamento della persona. Questo ti è molto utile per comprendere che taglio devi dare alle tue risposte e al tuo modo di fare durante l'intervista. In secondo luogo, analizza i suoi comportamenti. Parti dalla stretta di mano, capisci se sorride, se ha uno sguardo fisso, se il suo tono di voce è basso o alto. Sono tutti elementi utili per decifrare la sua personalità o, quantomeno, per averne un abbozzo.

Attenzione però, in alcuni casi, i selezionatori si trovano anche a bluffare. Prendo esempio da un colloquio di gruppo cui ho preso parte qualche anno fa nella sede di un'importante casa automobilistica. Eravamo 6 persone dentro la stanza, tutti neolaureati. Aveva pareti molto scure, senza finestre e con un tavolo nero al centro. Le luci erano abbastanza soffuse. In generale, devo dire, l'ambiente non era certo il migliore per sentirsi a proprio agio. Entrò una ragazza di bell'aspetto. Non salutò né strinse la mano a nessuno. Iniziò a bombardare tutti i presenti con domande provocatorie. A un ragazzo a fianco a me, vestito di tutto punto in giacca e cravatta, con occhiali e aria timida disse: «Ma lei è uno di quei classici secchioni?» A un'altra ragazza, molto carina, con la scollatura abbastanza profonda: «Ma pensa di essere al reparto sicurezza a mostrare gli airbag?»

Quando arrivò il mio turno mi disse: «Lei, non sa che esistono di rasoi?» facendo riferimento al fatto che portavo la barba. Il colloquio è andato avanti in questo clima provocatorio per tutto il tempo. Le domande ai candidati venivano poste con questo tono e andavano oltre gli aspetti dell'immagine, addentrandosi anche nell'ambito delle competenze e degli studi di ciascuno.

Un'altra domanda che mi pose la selezionatrice riguardava, ad esempio, la mia formazione linguistica, con una critica al fatto che mi fossi specializzato in questo. Sembrava di trovarsi di fronte a una persona molto nervosa e insofferente. Questa, invece, era una tecnica per testare da subito la resistenza allo stress e alle situazioni imbarazzanti da parte dei candidati.

È qualcosa che ho scoperto nel colloquio successivo, in cui la stessa esaminatrice era invece solare e tranquilla: mi rivelò il perché di quel comportamento così tagliente durante la prima intervista. In casi come questo, salvo che tu non stia prendendo parte alla selezione per entrare nel corpo dei Marines, la cosa migliore da fare è mantenere la calma e utilizzare sempre la solita arma: l'autoironia, anche se è bene controllarla e utilizzarla a tratti. Alla prima domanda sulla barba, avevo risposto che piacevo selvaggio alla mia ragazza, usando quindi un po' di autoironia.

Sulla domanda riguardante i miei studi, invece, ho risposto dicendo che l'amore per le lingue era sinonimo di grande interesse verso le cose nuove, le sfide e le diversità. Era una risposta argomentata e per nulla ironica. Usa l'autoironia quando la domanda è strettamente provocatoria e riguarda la sfera della tua immagine. Se, invece, il quesito tagliente riguarda le tue scelte, argomentale senza paura di dire la verità.

SEGRETO n. 11: usa la tua preparazione e i segni che puoi cogliere al volo per capire chi hai davanti. Usa autoironia e argomenti motivati per uscire dalle situazioni imbarazzanti con successo.

Scusa questa digressione che anticipa parte degli argomenti che affronterò nei prossimi paragrafi, tuttavia mi serve per farti capire che se un esaminatore non si presenta in modo espansivo o educato, non necessariamente significa che si tratti di una persona introversa o scorbutica: ci sono buone possibilità che stia testando le tue reazioni.

Il colloquio vero e proprio

Una volta fatte le presentazioni, il selezionatore ti porterà in una stanza adibita a sede del colloquio. Qui può essere accompagnato o meno dal manager di riferimento. Più spesso si comincia solo con lui, e l'altra persona arriva in un secondo momento. Solitamente si parte dall'analisi del tuo curriculum e ti viene chiesto di raccontare il tuo iter scolastico e lavorativo. In questa prima parte, cerca ancora una volta di capire l'atteggiamento dell'esaminatore (alla mano, serio ecc.) e imposta il tuo discorso tenendone conto.

Oltre che il suo modo di fare, ricorda gli elementi che hai ricavato dalla tua preparazione attraverso LinkedIn o, in generale, grazie alla ricerca su Internet. Questi ti servono, soprattutto, per fare riferimenti che possano in qualche modo aiutarti a entrare in sintonia con lui. Ricordi l'esempio dell'imprenditore che amava i motori? È esattamente ciò che intendo. Non interromperlo mai mentre parla, tieni un atteggiamento interessato, di ascolto, con la testa e il corpo ben diritti e cercando di mantenere il viso sereno e disteso. Nel racconto delle tue esperienze, cerca di essere sintetico e lasciare a lui la possibilità di fare domande di approfondimento.

Non sei dallo psicologo e non devi narrare tutti gli aspetti della tua vita. D'altro canto, non tralasciare informazioni utili solo per paura di dilungarti.

Credo valga la pena di chiarire questo concetto: se stai parlando della tua formazione universitaria, non fare l'elenco di tutti gli esami che hai sostenuto con relative votazioni, ma cita le macroaree che hai studiato, riportando solamente il voto finale. Se sei laureato in lingue e letterature straniere con indirizzo economico, puoi dire di aver fatto parecchi esami di letteratura e di lingua, ma anche di aver studiato fondamenti di economia, marketing e organizzazione aziendale.

Se hai approfondito particolari argomenti che credi possano essere inerenti alla posizione per la quale sei candidato, dillo pure, potrebbe essere qualcosa di interessante per il selezionatore e di vincente per te. Stesso discorso riguarda la tua tesi di laurea: se può essere importante per quella professione è una carta da giocare, se invece non c'entra nulla lascia perdere e non nominarla.

Per capirci: se stai partecipando alla selezione per un posto da impiegato amministrativo, che segue le sedi estere di un'azienda del settore moda, l'aver approfondito aspetti di diritto internazionale può suscitare grande interesse; se, invece, hai fatto la tesi sulla struttura del contratto nazionale dei metalmeccanici, non credo sia rilevante. Visto che ho appena fatto riferimento all'ambito della tua formazione, è sempre bene restringere il campo del racconto. Mi riferisco al fatto che è meglio non iniziare il tuo racconto dalle elementari o dalle medie.

Se sei laureato o hai fatto un master, fai solo un rapido accenno alle scuole superiori, specificando se hai frequentato un istituto tecnico piuttosto che un liceo. All'esaminatore difficilmente interessa che la maestra ti mettesse "bravissimo" nel compito di geografia. Se, invece, sei diplomato, parla maggiormente delle scuole superiori, specificando se hai partecipato a particolari progetti o iniziative, a patto che ci sia qualche relazione con il lavoro per cui sei esaminato in quel momento.

Lo step successivo è affrontare il tema delle tue esperienze lavorative. Se sei alla prima professione, può essere utile sottolineare anche lavori minori, svolti magari mentre eri a scuola o durante l'università, d'estate o nel week end. Possono essere percepiti dal selezionatore come segno di buona volontà. Se, invece, hai già un'esperienza lavorativa alle spalle, sono perfettamente inutili ed eviterei di nominarli. In tal caso, dai enfasi alle esperienze lavorative in azienda, soprattutto a quelle affini alla mansione per cui stai affrontando la selezione.

Sottolinea i tuoi punti di forza, porta esempi concreti citando cifre e percentuali. Se sei un commerciale e grazie al tuo lavoro l'azienda ha aumentato il suo fatturato del 30% in una data area, non avere paura a dirlo. Se lavori come addetto alla qualità e grazie alla tua azione gli scarti di produzione sono diminuiti del 20%, affermalo senza problemi. Sono dati che aiutano a far capire all'esaminatore che si trova davanti a una persona preparata e a un professionista molto interessante per la posizione che sta cercando.

Attenzione però a presentare i tuoi successi nel modo giusto. La vanagloria e l'autocelebrazione fine a se stessa non vanno bene. Devi inserire questi dati in un discorso senza dare l'impressione di volerti magnificare, ma solo dando l'idea che si tratti di un dato di fatto.

SEGRETO n. 12: non interrompere e, quando devi parlare, sii sintetico ma non tralasciare gli elementi importanti. Motiva sempre le tue affermazioni e parla dei tuoi punti di forza senza dare l'impressione di vantarti, ma inserendoli in un contesto che li sostenga.

Ti faccio un esempio: se stai facendo il colloquio per diventare responsabile della logistica di un'azienda, mestiere che già eserciti nella tua occupazione attuale, puoi parlare di come hai organizzato il flusso di materiale e, dentro questa spiegazione, inserire percentuali ed esempi che dimostrino la bontà del lavoro che stai svolgendo. Se, invece, citi percentuali e dati senza inserirli in un discorso organico, sembra solamente che la tua intenzione sia vantarti.

Una volta mi è capitato di affiancare il responsabile del personale per la selezione di un'area manager per la penisola iberica. Non sarei stato il manager di riferimento, ma, essendo io responsabile commerciale per l'area sudamericana e parlando piuttosto bene lo spagnolo, ero stato chiamato ad affiancarlo. Si presentò un ragazzo molto preparato che aveva studiato molto bene la sua immagine; tuttavia, ci raccontò delle sue esperienze come se stesse facendo un elenco: «Ho lavorato per l'azienda X facendo alzare il fatturato della mia area del 10%, ho svolto il ruolo di commerciale per l'impresa Y aumentando i ricavi del 30%». In questo modo, risultò un po' pomposo e poco umile ai miei occhi e a quelli del selezionatore.

Se, invece, avesse impostato un discorso come quello che segue, l'impressione sarebbe stata completamente differente: «Ho lavorato per l'azienda X, cercando di pianificare visite a cadenza almeno trimestrale presso i clienti della mia area, accorciando al massimo i tempi di risposta, sia in sede di offerta che in sede di post-vendita. Questo ci ha permesso di guadagnare grande credibilità presso i nostri contatti, che si sono sentiti seguiti da persone serie, attente e reattive. Il tutto si è tradotto in un aumento del 10% del fatturato della mia area, seppur in un periodo di crisi per il mercato».

Riesci a vedere anche tu la differenza credo. Nel primo caso, ci sono dati gettati al vento per stupire, nel secondo c'è un'argomentazione che li sostiene. Sembrare persone capaci ma umili è molto importante: a nessuna azienda piace assumere qualcuno che arriva con la presunzione di non avere nulla da imparare.

Mi è capitato a volte di andare "troppo forte" in qualche colloquio, soprattutto i primi tempi. Non ho avuto il senso del limite e sono stato ansioso di parlare dei miei successi universitari, delle cose che avevo fatto. Probabilmente, questo mio modo di fare aveva fatto credere che fossi una persona saccente, poco incline a imparare e a rimboccarsi le maniche con umiltà. Da quelle esperienze, ho imparato a porre un freno al mio ego e alla mia voglia di dimostrare quanto valgo, per evitare di sembrare troppo arrogante.

Mischia bene sicurezza e umiltà, motivando e facendo scaturire i tuoi successi e le tue qualità dal duro lavoro, dallo studio e dall'impegno. In generale, cerca di terminare il tuo racconto in 10 minuti al massimo, per evitare di dilungarti e per non far calare l'attenzione di chi ti sta davanti.

Le domande tipiche del selezionatore

Normalmente, finito il racconto delle tue esperienze, il selezionatore inizia a porti delle domande. A volte, potrebbe fartele anche durante il racconto stesso, non c'è una regola vera e propria a riguardo. Le più classiche sono:

1. Cosa conosce di questa azienda?
2. Come si vede da qui a 10 anni?
3. Quali sono tre aggettivi che la rappresentano?
4. Perché pensa che potrebbe essere un'ottima risorsa per la nostra azienda?
5. Perché vuole lasciare la sua posizione attuale?
6. Cos'è che conta di più per lei in un posto di lavoro?
7. Lavorare in team rappresenta un problema?

Questi sono i quesiti generali, spesso affiancati da altre domande più specifiche riguardanti la mansione che stai svolgendo e quella per la quale ti sei candidato.

Tieni presente che, spesso, è in questa fase che si decidono le sorti del colloquio. Si presume infatti che, se sei stato chiamato per la selezione, tu abbia già le caratteristiche adatte "sulla carta": ora l'esaminatore vuole capire se quella carta ha un riscontro nella realtà e la bontà delle tue risposte a queste domande rappresenterà una bella fetta del suo giudizio nei tuoi confronti.

Non c'è un modo unico per rispondere a questi quesiti standard. Possono essere giusti o sbagliati a seconda di come sei tu e di com'è il tuo interlocutore. La preparazione sull'azienda e sul selezionatore certamente rappresenta un aiuto per orientarti, tuttavia le variabili in campo sono parecchie. Prima di vedere un esempio di risposta per ciascuna domanda, lascia che ti esorti a un'azione molto semplice: dire sempre la verità. In realtà, questo consiglio vale per tutto lo svolgersi del colloquio, dalla fase iniziale sino a questa.

Un detto popolare afferma che: «Le bugie hanno le gambe corte» ed è verissimo. Se "gonfi" le tue esperienze o le tue competenze, i nodi verranno al pettine, a quel punto, non avrai praticamente più nessuna possibilità per rimediare e l'esito del colloquio sarà inesorabilmente segnato. Anche nella remota possibilità che tu riesca a farla franca, passare la selezione ed essere assunto, se fai finta di essere qualcosa di diverso da quello che sei, questo verrà fuori presto o tardi, con esiti molto spesso devastanti per te, in primis. Dì la verità, sempre. Con questo non voglio dire di non cercare di limare i tuoi difetti e aumentare i tuoi pregi, cosa legittima e, anzi, necessaria in sede di colloquio. Affermo, piuttosto, l'inutilità di dire cose false.

Ti faccio due esempi per chiarire il concetto: in una selezione, un candidato ci aveva detto di parlare bene l'inglese. Noi stavamo cercando una persona da inserire nell'area commerciale UK e quindi sembrava fare proprio al caso nostro. Inoltre, si stava dimostrando molto brillante durante tutto il colloquio. A un certo punto iniziammo a testare il suo inglese, ponendogli un paio di domande piuttosto elementari in lingua. Con nostra sorpresa, la persona non capiva quello che stavamo dicendo. È stato un peccato, perché contemporaneamente si stava operando una selezione per un commerciale Italia, ruolo per cui sarebbe stato molto adatto. Solo che questa persona ci aveva mentito sulle sue competenze e questo era stato sufficiente per eliminarlo da ogni tipo di selezione.

In un altro caso, invece, una persona che doveva essere assunta come assistente commerciale per la stessa area, aveva dei limiti con l'inglese e ce l'aveva fatto presente, sostenendo però che riusciva ugualmente a sostenere una corrispondenza scritta e che stava seguendo dei corsi presso scuole private, per migliorare la parte di conversazione e comprensione orale. Dato che era stata sincera e si era dimostrata brillante e competente sotto vari punti di vista, l'abbiamo assunta.

Hai compreso la differenza tra i due esempi che ti ho portato? Nel primo caso, la persona in questione aveva palesemente detto il falso, mentendo su un elemento molto importante ai fini della selezione. Inoltre, dicendo una bugia, si era compromesso anche la possibilità di entrare in azienda con un'altra posizione, quella del commerciale Italia. Nel secondo caso, invece, la ragazza è stata sincera, ha semplicemente sottolineato i suoi punti di forza (impegno, intraprendenza, voglia di migliorarsi) per togliere enfasi dal suo punto debole (non parlava bene l'inglese). Questo è esattamente il modo corretto di procedere, se vi sono punti deboli nella tua esperienza o nel tuo curriculum.

Passiamo ora alle risposte per le domande sopra.

- Cosa conosce di questa azienda? È il momento di utilizzare le informazioni sull'azienda raccolte in fase di preparazione. Dì quello che sai, senza entrare nei dettagli, sottolineando gli aspetti positivi. Ad esempio, se una ditta è leader di settore, dillo; se produce qualcosa che gli altri non fanno, nominalo e così via. Questo approccio è particolarmente vincente quando è presente il titolare, tuttavia è importante sempre: da un lato ribadisce la nostra voglia di entrare a far parte dell'organizzazione, dall'altro solletica l'orgoglio di chi già è al suo interno.

- Come si vede da qui a 10 anni? La domanda su come ci si veda da qui a dieci anni non ha una vera e propria risposta. Naturalmente, è una domanda ristretta al campo professionale, quindi evita di dire cose tipo: «Mi vedo padre» oppure «Mi vedo con una villa, uno yacht e dieci belle ragazze attorno». Dai una risposta sincera, che riguardi realmente le tue aspirazioni lavorative. Qui cerca di entrare nei dettagli e dire esattamente cosa e come vorresti essere. Descrivere i particolari, sempre ristretti al campo professionale, è un surplus in questi casi.

- Quali sono tre aggettivi che la rappresentano? Anche la risposta che riguarda i tre aggettivi è abbastanza personale. Evita di usare aggettivi esagerati e, dall'altro lato, non sminuirti. Usa piuttosto attributi che possano avere a che fare con l'ambito lavorativo: flessibile, umile, desideroso di imparare, determinato ecc. vanno bene. Quasi sicuramente il selezionatore ti chiederà di motivare la tua scelta, quindi considera anche questo elemento prima di nominarli.

- Perché pensa che potrebbe essere un'ottima risorsa per la nostra azienda? Per rispondere a questa domanda si deve cercare di fare una specie di annuncio commerciale su se stessi. Ancora una volta senza strafare, si deve cercare di sottolineare in modo positivo le proprie esperienze e le proprie capacità e dimostrare come calzino a pennello con il lavoro per il quale si è candidati. Ad esempio, se sei candidato per il controllo qualità, devi sottolineare le certificazioni raggiunte, le competenze acquisite, i processi che hai affrontato tutti i giorni, e metterli in relazione con quelli che ti potresti trovare ad affrontare nel nuovo posto di lavoro.

- Perché vuole lasciare la sua posizione attuale? A questa domanda, solitamente, si risponde in modo diplomatico. Se vuoi cambiare lavoro per motivi legati a cattive relazioni con il tuo capo o con i colleghi, eviterei di dirlo, in quanto potresti essere visto come un rompiscatole o una persona che fa fatica ad ambientarsi. Stessa cosa se lo fai per motivi economici. Al massimo fai un accenno rapido alla cosa, tuttavia punta sul fatto che vuoi cambiare posto di lavoro per la voglia di nuove sfide, per apprendere nuove competenze, conoscere nuovi mercati, nuovi prodotti. Metti in positivo le tue motivazioni e cerca di dare l'impressione di qualcuno che cammina verso la novità e non di quello che fugge a gambe levate dal suo passato.

- Cos'è che conta di più per lei in un posto di lavoro? Anche per questa domanda la risposta deve essere abbastanza *politically correct*. Evita riposte tipo: «I soldi» oppure «I benefit». Concentrati su risposte più professionali. Una buona risposta può essere: «La possibilità di mettermi sempre alla prova e trovare nuovi stimoli ogni giorno» oppure «L'opportunità di conoscere nuove tecnologie e aumentare le mie competenze».

- Lavorare in team rappresenta un problema? Lavorare in team è molto importante nelle aziende, soprattutto se sono di dimensioni medie o grandi. Con questa domanda, l'esaminatore vuole capire se sei in grado di inserirti in un contesto sociale come quello di un'impresa e se puoi farlo in modo armonico. Nella tua risposta, non esagerare, spacciandoti per quello che si inserisce immediatamente, tuttavia ribadisci il fatto che lavorare assieme agli altri non è un problema, ma una risorsa che ti permette di imparare e crescere professionalmente ogni giorno.

SEGRETO n. 13: i selezionatori hanno delle domande standard. Studiale con anticipo e cerca di capire quale sia il tono migliore per rispondere.

Modella il tuo interlocutore

Per la spiegazione completa del concetto di modellare, ti rimando alle opere di Giacomo Bruno, tra cui *PNL Segreta* presenti nel catalogo di Bruno Editore. Per ora ti basti sapere che modellare significa osservare gli atteggiamenti, le parole e le azioni delle persone e cercare di fare lo stesso, non come dei pappagalli o in modo meccanico, ma inserendoli nei nostri atteggiamenti in maniera non forzata. Risultato di questo è il raggiungimento di una sintonia inconscia con chi ci sta davanti, un entrare nella sua stessa lunghezza d'onda.

Nel mio lavoro di export area manager è qualcosa che faccio piuttosto spesso con i miei clienti, soprattutto con quelli con i quali mi risulta più difficile comunicare inizialmente. Durante gli incontri, cerco di osservare le loro posizioni, la terminologia che utilizzano, il tono di voce che hanno. Da lì, senza sembrare un imitatore, cerco di inserirli nel mio modo di fare. Ti assicuro che, se fatto in maniera corretta, il modellare è un'azione che dà quasi immediatamente i suoi frutti.

Nel caso specifico del colloquio di lavoro, cerca di studiare l'esaminatore, di sentire che parole utilizza, di vedere come sta seduto o gesticola e cerca di modellarlo. Mi raccomando, non farlo in modo scattoso o palese, se ne accorgerebbe e faresti una figuraccia. Piuttosto, ad esempio, se vedi che accavalla le gambe, dopo pochi istanti fallo lentamente anche tu. Se utilizza spesso un certo tipo di parola nei suoi discorsi, cerca di inserirla nei tuoi, senza ripeterla ogni tre minuti. Se modelli bene una persona, agisci nel suo inconscio e avvicini la tua frequenza alla sua, con effetti molto positivi sull'esito vincente del colloquio.

Ti porto un esempio, per farti capire ancora una volta quanto sia importante: avevo un cliente francese piuttosto difficile da trattare, sempre molto spigoloso nelle risposte e poco propenso a darmi informazioni. Non lo sopportavo e, ogni volta che gli rispondevo al telefono o dovevo fargli visita, avrei preferito essere dal dentista a farmi estrarre un dente.

Un giorno, dopo aver letto l'ebook di Giacomo Bruno *PNL Segreta* ho cercato di modellarlo, utilizzando alcune delle sue parole, tenendo la stessa posizione nella seduta e cercando di rallentare i miei discorsi fino a raggiungere la velocità dei suoi. L'effetto di questo, dopo solo un incontro, è stato quello di accettare il mio invito a pranzo, cosa che evitava costantemente in precedenza. Dopo due o tre incontri, seguendo sempre la stessa strategia, ho concluso un affare molto importante, dopo anni di tentativi vani e incontri fallimentari.

Hai compreso ora l'importanza di modellare? Prova ad allenarti anche al di fuori del colloquio, prova a farlo in famiglia o con i tuoi amici e vedi quello che succede. Sono sicuro che rimarrai stupito del potere che ha questa azione.

Le domande da fare

Prima di chiudere il capitolo, volevo soffermarmi sulla necessità di fare qualche domanda all'esaminatore. I quesiti devono essere attinenti all'azienda in generale, alla sua organizzazione e struttura, ma anche alla mansione per la quale siamo candidati. Per i selezionatori, rispondere a delle curiosità non è una cosa negativa, anzi, è una dimostrazione dell'agilità mentale del candidato, oltre che interesse e attenzione da parte sua. Ripeto, poni domande legate al lavoro e all'azienda, tralascia domande sul tipo di inquadramento o sul trattamento economico, non è questo il momento, ne la sede opportuna per farle.

Se è presente il manager di riferimento, indirizza a lui le curiosità di tipo operativo, in quanto si tratta di chi lavora sul campo. Formula due o tre quesiti, un numero maggiore potrebbe essere percepito come esagerato dall'esaminatore. Fai in modo, inoltre, che siano sempre pertinenti.

In questo modo, sarai visto come una persona interessata e la tua candidatura uscirà fortemente rafforzata. Quesiti sul fatturato, sul numero di dipendenti, sulla capacità produttiva, vanno bene per quanto riguarda la parte dedicata all'azienda. Se si parla invece della parte dedicata alla mansione vera e propria, meglio insistere sulle attività quotidiane, e sulle priorità inerenti a quello specifico ruolo.

SEGRETO n. 14: modella il tuo interlocutore per entrare sulla sua stessa lunghezza d'onda e poni domande a proposito per rafforzare la tua credibilità.

Congedarsi

Normalmente, dopo che il candidato ha fatto le sue domande, l'incontro termina con la promessa da parte del selezionatore di risentirsi il prima possibile. Quest'affermazione, normalmente, è vana, perché l'esaminatore richiama solo nel caso in cui il primo colloquio sia andato bene, mentre, se il candidato non è idoneo, non si fa più sentire. Non è il caso di prendersela; anche se può sembrare qualcosa di maleducato, si tratta della prassi.

Molto raramente, il selezionatore dà un giudizio al candidato dopo il primo colloquio, quindi, non aspettarti che ti dica nulla su come sei andato o meno e tu, da parte tua, non chiederglielo.

Limitati a congedarti cordialmente, tenendo lo stesso atteggiamento del saluto iniziale: stretta di mano, sguardo alto, e leggero sorriso abbozzato. A volte, dopo l'incontro, si fanno quattro chiacchiere, mentre l'esaminatore ti accompagna verso l'uscita o verso le scale. Cerca di essere cordiale, di non contraddirlo e parlare in modo piacevole, come se fossi con un tuo amico. Se ti chiede di offrirti un caffè è buona norma non accettare, meglio ringraziare e dire di no. Ormai i giochi sono fatti e, se hai seguito quello che ti ho detto, ci sono buone probabilità che tu riceva le famose notizie e ti venga chiesto un secondo incontro.

Il lasso di tempo in cui questo può avvenire varia di molto: possono essere pochi giorni, settimane e, a volte, addirittura mesi. Mantieni un atteggiamento sereno e, in ogni caso, non precluderti altre possibilità se ti si presentano. Arriva la seconda telefonata, sei piaciuto e il selezionatore ti vuole conoscere meglio, presentandoti anche il manager di riferimento (se non era presente al colloquio precedente) e, magari, anche il titolare o l'amministratore delegato. Nel prossimo capitolo, ti illustrerò come fare per arrivare al tuo obiettivo: essere assunto!

RIEPILOGO DEL CAPITOLO 3:

- SEGRETO n. 10: Cerca di dare l'impressione di una persona sicura di sé, stringendo la mano energicamente, tenendo alto lo sguardo e sorridendo.

- SEGRETO n. 11: Usa la tua preparazione e i segni che puoi cogliere al volo per capire chi hai davanti. Usa autoironia e argomenti motivati per uscire dalle situazioni imbarazzanti con successo.

- SEGRETO n. 12: Non interrompere e, quando devi parlare, sii sintetico ma non tralasciare gli elementi importanti. Motiva sempre le tue affermazioni e parla dei tuoi punti di forza senza dare l'impressione di vantarti, ma inserendoli in un contesto che li sostenga.

- SEGRETO n. 13: I selezionatori hanno delle domande standard. Studiale con anticipo e cerca di capire quale sia il tono migliore per rispondere.

- SEGRETO n. 14: Modella il tuo interlocutore per entrare sulla sua stessa lunghezza d'onda e poni domande a proposito per rafforzare la tua credibilità.

CAPITOLO 4:
Come gestire i colloqui successivi

Nel primo capitolo, ho spiegato come, spesso, nelle piccole e medie imprese, secondo e terzo colloquio coincidano, contrariamente a quanto accade nelle multinazionali o nelle grandi aziende, dove invece sono rigorosamente separati. Nel primo caso, all'incontro iniziale è presente anche il manager di riferimento, e la decisione su chi sia il più adatto viene solitamente presa di comune accordo tra i due, subito dopo il primo giro di interviste.

Nel secondo caso, l'iter è più lungo e lo è anche la lista dei candidati, quindi il selezionatore ha bisogno di più tempo. Dal punto di vista delle persone che affrontano la selezione, più veloce è la scelta, meglio è, per ragioni sia emotive che professionali. Tuttavia, è sempre bene rispettare i tempi dell'azienda e attendere le loro decisioni, senza tentare di forzare la mano. Una volta, mi è capitato un candidato che, dopo il secondo colloquio, aspettandosi probabilmente una proposta da parte dell'azienda, aveva detto di avere un'altra offerta alla quale doveva dare risposta entro un paio di giorni. Essendo i tempi della ditta più lunghi di due giorni, nonostante ci fosse piaciuto, abbiamo optato per non contattarlo più, in quanto aveva dimostrato di non poterci aspettare. Successivamente, sono venuto a conoscenza che questa persona aveva bluffato e, in tutta onestà, ho pensato fosse un vero peccato che si fosse bruciato in quel modo.

Il secondo colloquio

Durante il secondo colloquio, valgono le regole e le strategie che ti ho illustrato per il primo: atteggiamento sereno, rilassato, aperto nei confronti del selezionatore, sicuro di sé senza sfociare nell'arroganza. In questa occasione, il selezionatore sarà molto più specifico nelle sue domande e andrà sicuramente a fondo nel chiederti quali siano le tue esperienze lavorative e le tue reali mansioni. In alcuni casi, può essere che prima di tutto ti esorti a dare un feedback sull'azienda, per capire se sei realmente interessato alla posizione. Se ti sei presentato al secondo colloquio è molto probabile che l'interesse ci sia, quindi, assumi un atteggiamento tranquillo e pacato nello spiegare perché credi che l'azienda ed il lavoro proposto facciano al caso tuo. Non avere paura di fare altre domande e di approfondire aspetti che non sono stati affrontati durante il primo incontro.

Come nel primo colloquio, più sei sicuro e rilassato, maggiormente verrai apprezzato dai selezionatori. Inoltre, la seconda selezione non è più il primo incontro, il ghiaccio tra le persone è già stato rotto. Infatti, hai avuto l'occasione di raccogliere informazioni "dal vivo" sui tuoi interlocutori e non solo dalla rete o tramite fonti indirette. Questo ti deve dare un'ulteriore tranquillità riguardo al successo finale. Conosci l'azienda e conosci meglio il tuo interlocutore: non c'è nulla da temere.

Inoltre, non bisogna dimenticarsi che, se sei stato chiamato una seconda volta, piaci all'esaminatore. Se da un lato ti dico di rilassarti, dall'altro però, ti esorto anche a non adagiarti: stai per incontrare altre persone, come il capoufficio o la dirigenza, devi continuare a tenere alta la concentrazione. In caso tu non abbia incontrato il manager di riferimento durante il primo colloquio, è più che probabile che sia proprio la prima persona che ti presenterà il selezionatore. Comportati con lui come ti sei comportato con il responsabile del personale, non interrompendolo e cercando di modellarlo, cogliendo i gesti, le parole e le espressioni più usate e riproponendole nel modo che abbiamo visto alla fine del terzo capitolo.

Il manager ha un ruolo molto importante nel secondo colloquio, ancora maggiore di quello del selezionatore. Infatti, quest'ultimo ti sta proponendo come uno dei cavalli vincenti, ma ora sta proprio a quello che dovrebbe diventare il tuo futuro capo farsi un'idea di te e giudicare se sei adatto o meno al ruolo vacante. Ascolta con attenzione quello che dice e fai delle domande a proposito, che lascino trasparire il tuo interesse e la tua competenza a riguardo.

SEGRETO n. 15: rispetta i tempi dell'azienda e mantieni un atteggiamento sicuro, tranquillo e non arrogante anche con il manager di riferimento. Fai domande e tieni presente che è lui la persona che devi convincere nel secondo colloquio.

Per esempio, se stai partecipando a una selezione per l'ufficio tecnico di un'azienda, chiedi che programma di disegno usino, se c'è un database di schede tecniche diviso per prodotto o cose del genere. Puoi anche chiedere informazioni riguardo al numero di addetti. Evita, invece, ad esempio, domande su quanti straordinari dovrai fare o se dovrai lavorare il sabato mattina: verrebbero viste come un segno di poca disponibilità.

Se sei alla prima esperienza lavorativa, non aver paura di fare domande più generali: si presume che chi ti sta davanti già lo sappia e vedrà la cosa come un gesto di umiltà e responsabilità e non come un segno di ignoranza. Infatti, se ti candidi a una posizione di addetto informatico, ad esempio: «Come sarà composta la mia giornata lavorativa?» «Avrò ruoli di manutenzione o di programmazione?» sono domande inerenti. È molto probabile che il manager voglia testare alcune delle tue abilità.

Mi riferisco a prove di lingua, esercizi informatici, di comprensione ecc. in base alla posizione per la quale sei candidato. Non si tratta di compiti in classe o test scolastici, anche se, ad essere sincero, mi è capitato che mi fosse somministrato un test in lingua francese simile a quelli che i professori preparano alle superiori. Non ti stressare troppo per queste cose: se hai detto il vero e non hai bluffato si tratterà di prove sul serio elementari per te. Per fare alcuni esempi concreti, se ti candidi al ruolo di impiegato commerciale estero, è molto probabile che il manager ti proponga una conversazione in lingua, non necessariamente di tipo lavorativo. Se invece il tuo è un profilo tecnico, magari ti presenteranno davanti un disegno e ti chiederanno di interpretarlo e commentarlo. Infine, se la posizione vacante è di tipo amministrativo, ti faranno fare un breve esercizio di ragioneria applicata.

Sono tutte prove che sembrano più difficili a dirsi che a farsi, per chi è del mestiere. Nelle grosse multinazionali, può accadere anche che analizzino la tua calligrafia, facendoti copiare un piccolo testo, o che ti sottopongano a prove più bizzarre, come una presentazione originale di te stesso davanti a un gruppo di persone. La ricetta del successo è sempre quella: niente panico, autoironia, sincerità e sicurezza nei propri mezzi, senza suonare arroganti. Oltre a prove relative alle tue mansioni, durante il secondo colloquio, ci si addentra nella sfera economica. Questa fase può avvenire anche nel primo colloquio, soprattutto se l'azienda non è molto grande e se la struttura della selezione è composta da due e non tre incontri. Sicuramente, le prime domande riguardano il tuo attuale inquadramento, il tuo stipendio netto (più raramente lordo), il numero di mensilità e i benefit in tuo possesso (auto aziendale, cellulare, computer, carta di credito, eventuali bonus ecc.).

Come largamente consigliato sinora, continua ad essere sincero e non pompare le risposte aumentandoti lo stipendio o i benefit. Mi è già successo di fare colloqui in aziende che, al momento dell'assunzione, mi hanno richiesto copia della busta paga o del contratto precedente. Se avessi mentito mi avrebbero sicuramente scoperto e, con ogni probabilità, avrei perso quel posto di lavoro.

Una cosa dove invece si può giocare un po' sono invece le promesse. Potresti dire, ad esempio, che l'azienda per cui lavori ti ha garantito un aumento di livello o di stipendio per il prossimo anno, oppure un benefit in più. La nuova ditta non ha mezzi per verificarlo e, per esperienza, è portata a crederti. Tuttavia, fai presente queste cose senza esagerare (se prendi 2000 euro è molto difficile che te ne abbiano promessi 3000, dall'inizio del prossimo anno). Infatti, se da un lato può essere un gioco che potenzialmente ti permette di strappare delle condizioni economiche migliori, dall'altro può anche farti male se superi un certo limite. Altra domanda che può emergere, riguarda il compenso che vorresti. In questi casi, ti consiglio di non sparare cifre, ma di adottare una strategia attendista, rispedendo con eleganza la domanda al mittente.

Per essere più specifico, rispondi che da un nuovo lavoro ti aspetti sicuramente un avanzamento economico e professionale, ma, tuttavia, non hai la presunzione di avanzare delle richieste specifiche e preferiresti, in caso venissi selezionato come idoneo, attendere la loro offerta economica, per discuterne poi serenamente assieme. La risposta non deve essere per forza uguale a questa, ma credo tu abbia colto il concetto. Non dire che cifra vorresti, anche se l'hai già bene in mente. Da un lato, ti proteggi dalla possibilità di bruciarti, magari chiedendo una cifra inferiore a quella che ti offrirebbero; dall'altro, così facendo, eviti di suonare troppo arrogante o pretenzioso, avanzando richieste troppo elevate.

SEGRETO n. 16: non esporti troppo sull'aspetto retributivo e non fingere di guadagnare più di quello che realmente prendi. Adotta una tattica attendista e lascia che l'azienda si esponga per prima.

In questa fase, sii sempre diplomatico quando si tocca la sfera economica: questa cautela serve a tenere intatta e immacolata la tua immagine e a non chiuderti nessuna porta. Altra classica domanda che viene posta in sede di secondo colloquio riguarda il preavviso che devi dare alla tua attuale azienda, in caso tu abbia già un lavoro. Personalmente, penso sia meglio comunicare il peggiore dei casi possibili, cioè il preavviso massimo presente da contratto. Questo per evitare di trovarsi nell'imbarazzo di dover lottare contro l'azienda attuale, senza nessuna garanzia di ottenere una riduzione di tale periodo.

Anche qui, comunque, non chiuderti le porte e fa presente che il preavviso potrebbe anche essere ridotto. Questo ti serve per capire se, in questo caso, l'azienda che ti sta selezionando sarebbe disposta ad assumerti in anticipo. Infatti, se la ditta in cui lavori ti viene incontro e riduce questo periodo e l'altra non ti vuole assumere immediatamente, rischi di perdere alcuni mesi di stipendio. Il secondo colloquio prevede normalmente anche un giro di stabilimento o degli uffici per mostrare al candidato i locali o gli impianti con i quale dovrebbe lavorare. È buona norma fare domande e mostrarsi incuriositi anche in questa occasione. Ti serve per ribadire la tua determinazione e il tuo interesse, oltre che per sottolineare ancora una volta la tua competenza.

Finita questa fase si torna nella stanza e ci si congeda. Anche in questo caso, meglio non porre domande dirette su come si è andati, meglio attendere informazioni dal selezionatore. Infatti, non è raro che già al termine di questo incontro sia lui stesso a sbilanciarsi per farci capire qual è l'esito. In ogni caso, vale la regola del primo colloquio: salutarsi cordialmente e con educazione.

Quella esposta sopra è la struttura classica del secondo colloquio. Può, però, accadere che si svolga secondo modalità più singolari.

Mi è capitato, infatti, di fare una giornata intera di prova pratica, con tanto di telefono e computer, sotto l'attenta supervisione del manager. Altre volte, soprattutto nelle multinazionali, vengono organizzate giornate di test di abilità e di giochi, in cui i selezionatori e i manager sono attenti a osservare e analizzare i comportamenti dei candidati, per capire chi emerge.

Facendo un passo indietro, nel caso in cui il secondo e terzo colloquio coincidano, alla fine della seconda intervista, si viene lasciati da soli nella stanza per qualche minuto. È un tempo che serve a manager e responsabile del personale per incrociare le loro impressioni su di te. Se sono concordi, il passo seguente è un breve incontro con il titolare o l'amministratore delegato. Se anche lui è d'accordo, quasi sicuramente ti verrà formulata l'offerta. Questa fase, tuttavia, corrisponde esattamente a ciò che solitamente accade nel terzo colloquio, argomento del prossimo paragrafo.

Il terzo colloquio

Il periodo di attesa tra il secondo e il terzo incontro è normalmente più breve rispetto ai primi due. Di media, un paio di settimane. In quel lasso di tempo, non ti stressare e non avere il pensiero fisso sulla possibile chiamata. Il mio consiglio, anzi, è di continuare a cercare opportunità lavorative, di rispondere ad annunci e di presentarsi a colloqui, qualora ce ne fosse l'occasione. Impegnati a fondo anche nel lavoro che stai svolgendo attualmente e non mollare pensando già a quello futuro.

Non sederti sugli allori, non avere la presunzione di avercela già fatta. Per usare un'espressione ironica ma che rende l'idea: «Non dire gatto se non ce l'hai nel sacco».

Con questo non sto dicendo di essere pessimisti, semplicemente voglio evitare di vedere casi come quello di un mio ex-collega, che aveva già sostenuto due colloqui presso un colosso degli elettrodomestici. Sicuro di essere assunto dalla nuova azienda, aveva letteralmente smesso di impegnarsi nel suo lavoro quotidiano, passando ore su Internet a guardare il sito della multinazionale e a fare ricerche di mercato per loro, quasi fosse già stato preso. Dopo un mese, non gli era ancora arrivata la telefonata, ma lui continuava. La vicenda si è conclusa con la multinazionale che non lo ha più chiamato e con lui che ha ricevuto una lettera di richiamo dalla direzione. A pensarci bene, poteva andargli peggio. Se hai visto il film *Reality* di Matteo Garrone, hai una visione estremizzata di dove può portare lo spingersi troppo in là con la fantasia, in casi analoghi a questo. Per quanto riguarda il rispondere a nuovi annunci o il presentarti a nuovi colloqui, la cosa ti può essere parecchio utile perché, in caso tu riceva proposte da varie ditte, puoi giocare più facilmente al rialzo con chi ti interessa di più, oltre che scegliere l'opportunità migliore.

SEGRETO n. 17: non pensare di avercela già fatta e non permettere al pensiero del potenziale nuovo lavoro di avere la priorità su tutto il resto.

Tornando al terzo colloquio, sarà molto probabile che questo si svolga direttamente presso l'ufficio del titolare o dell'amministratore delegato. Normalmente, questo genere di persone non ha moltissimo tempo a disposizione, quindi sarà facile che il tutto si concluda in una mezz'ora al massimo. Entrando nella sua stanza, dai una veloce e rapida sbirciata all'ambiente, alla ricerca di elementi e informazioni utili per interfacciarti con lui.

Tieni sempre presente le informazioni sull'azienda raccolte su Internet e dai colloqui precedenti, ti saranno sicuramente utili per sostenere al meglio anche quest'ultima intervista. Ancora una volta, ti porto l'esempio del titolare che amava le moto e di come la conoscenza di questo elemento sia stata vincente con lui.

Un'altra volta, invece, mi sono trovato a colloquio con il direttore generale di un'azienda siderurgica. Entrando nella sua stanza, ho notato un trofeo di pesca sulla sua scrivania e, dietro di lui, diverse sue foto nell'atto di pescare o con pesci in mano. Non è stato difficile capire che si trattava di un appassionato di pesca sportiva. Durante il mio colloquio con lui, nel rispondere alle sue domande, ho continuato a utilizzare termini come "pescare", "abboccare", "agitare l'acqua" ecc.

Queste parole appartenevano a una famiglia semantica a lui cara, quella della pesca appunto, e hanno agito sul suo inconscio, aiutandomi a produrre un'ottima impressione su di me. Infatti, alla fine, ricordo che aveva esortato i suoi collaboratori ad assumermi a tutti i costi. Dall'amministratore delegato aspettati alcune domande specifiche sul tuo percorso formativo e lavorativo, oltre che la richiesta di alcune delucidazioni riguardo vari punti emersi nei colloqui precedenti. Può anche essere che ti vengano riformulate alcune domande già fatte nelle occasioni precedenti. In tal caso, è essenziale che tu sia coerente nelle risposte, per evitare di mettere in imbarazzo il selezionatore stesso che, a quel punto, è il tuo più grande sponsor, visto che ti ha portato fino a lì.

So di essere ripetitivo, ma un atteggiamento rilassato, rispettoso (direi che interrompere o contraddire un CEO sono cose abbastanza stupide), sicuro, non arrogante e sincero sono sempre il modo giusto di affrontare le persone, amministratore delegato compreso. Finito l'incontro, il selezionatore, che può essere stato presente o no sinora, ti accompagna in una saletta a fianco, e passa alcuni minuti assieme all'alto dirigente, per capire cosa ne pensi lui di te. Per esperienza personale, sia da candidato che da manager di riferimento, raramente un amministratore delegato boccia la prima scelta dei suoi collaboratori, soprattutto se hai agito come ti ho spiegato sopra. A quel punto, l'esaminatore si presenta nella stanzetta con una proposta scritta di assunzione. In moltissimi casi, è accompagnato anche dall'alto dirigente, che è presente per firmare il documento. La prassi prevede che te ne consegni una copia e che la leggiate assieme. In essa devono essere presenti alcune informazioni di base, che ti esorto a controllare e far aggiungere, in caso manchino:

- tipo di contratto: (es. indeterminato, determinato ecc.) e, qualora applicabile, indicazione del contratto nazionale di riferimento (CCNL dei metalmeccanici, ad esempio);

- livello di inquadramento;

- breve spiegazione delle mansioni (es. impiegato commerciale, impiegato logistica, responsabile amministrativo ecc.);

- tempo di prova (es. 3 mesi o 6 mesi);

- stipendio netto o lordo;

- numero di mensilità;

- eventuali benefit o bonus (es. auto aziendale, cellulare, percentuale sul venduto);

- clausole particolari (es. patto di non concorrenza);

- data di stipulazione;

- data di scadenza, entro la quale una copia della proposta deve essere riconsegnata controfirmata.

A questo punto, sempre con rispetto e senza arroganza, non avere paura di ottenere delle precisazioni e chiedere di chiarire al meglio i vari punti. La proposta di assunzione è di fatto un contratto vincolante, ed è bene che non ci siano ambiguità o mancanze. Analizza bene tutti gli aspetti. Se lo stipendio è indicato al lordo, chiedi di inserire anche il netto, per non imbattersi in cattive sorprese al momento della prima busta paga.

Se tutte le clausole vanno bene, concentra ora la tua attenzione sulla cifra proposta. Chiedi a te stesso se risponde alle tue aspettative, se vuoi di più e quanto di più. Se la differenza tra la cifra offerta e quella attesa è abbastanza esigua (per capirci entro i 100-150 euro netti al mese), prova subito a chiedere di correggerla, usando tatto ed argomentando la tua richiesta. La motivazione può essere la presenza di un'altra offerta (solo se questa è realmente esistente), altrimenti rischi di bruciarti come nell'esempio che ti ho fatto prima. Un'altra tesi da sostenere può essere il sottolineare che a questa posizione tu tieni moltissimo e, proprio per questo, vuoi partire convinto al 100%, anche dal punto di vista retributivo.

Se l'azienda è realmente interessata, normalmente ti viene incontro per differenze di questo tipo. In tutti i casi, anche se la proposta è apparentemente perfetta, il mio consiglio è di prendersi un paio di giorni per riflettere. È interesse della ditta avere persone motivate e decise al proprio interno, quindi non avranno difficoltà a concedertelo.

SEGRETO n. 18: valuta attentamente la proposta di assunzione e non avere paura di pretendere chiarimenti. Presta attenzione che siano presenti tutti gli elementi chiave e prenditi del tempo prima di decidere.

Le ultime riflessioni

Una volta tornato a casa, passa in rassegna tutti i vari punti e valuta se realmente corrispondono alle tue aspettative. Prova, inoltre, a fare un'ultima ricerca sull'azienda, per controllare ancora una volta che non ci siano notizie riferite a insolvenze o problemi economici. Questo non è un dettaglio da tralasciare: la solidità di un'impresa è un elemento molto importante per il tuo futuro. Puoi anche essere assunto, ma se la ditta non mantiene le promesse, non ti paga o, dopo poco tempo, fallisce o viene acquisita da un'altra società, i tuoi sforzi per ottenere il lavoro desiderato possono risultare vani. Te lo dico perché è una cosa che mi è capitata e, per fortuna, sono riuscito a dire no, grazie ad informazioni ottenute all'ultimo minuto. Quindi, non farti dominare dalla voglia di novità, dalla soddisfazione per essere stato scelto e dalla foga di iniziare una nuova avventura.

Usa la testa, sii cauto, informati e, se emergono dei dubbi sulla solidità dell'organizzazione, indaga ulteriormente e, se necessario, abbi la forza di dire di no. Ti dicevo, all'inizio, che preparazione fa rima con assunzione, ma vale la pena ricordare un altro concetto, sempre aiutandosi con una rima: essere preparati evita anche di rimanere "fregati".

Un altro suggerimento a tua tutela: prima di dare le dimissioni dalla tua azienda attuale, accertati che la proposta di assunzione sia datata e firmata e abbi la premura di consegnarne una copia controfirmata alla nuova ditta, entro e non oltre la data di scadenza da loro indicata. Te lo dico perché non agire in questo modo può veramente farti trovare davanti delle brutte sorprese. Un mio amico, professionista della vendita, ha dovuto affrontare proprio una situazione di questo tipo: non avendo riconsegnato in tempo la proposta, la nuova azienda si è rifiutata di assumerlo, appellandosi al fatto che i termini contrattuali erano scaduti. Lui, nel frattempo, aveva dato le dimissioni e, da due lavori, si è trovato letteralmente a piedi.

Certamente, si tratta di un colpo basso, tuttavia, la cautela e il coprirsi le spalle sono elementi molto importanti in un colloquio e, ancora di più, nelle sue fasi finali. Quando si è vicini alla meta, è veramente un peccato vedere franare il terreno sotto i piedi per mancanza di attenzione e di prudenza.

Ritornando all'analisi della proposta, supponiamo che i termini vadano bene: la cosa da fare prima di tutto è chiamare la nuova azienda e comunicare la tua intenzione di accettare l'incarico. Come appena detto, consegna la proposta controfirmata entro la data indicata, solo dopo averlo fatto, presenta le dimissioni al tuo superiore diretto. Meglio darle a lui e non al responsabile del personale, per questioni di correttezza: ricorda che nella vita non si sa mai e lasciarsi bene, è sempre un segno di lungimiranza. Non forzare i tempi con la tua azienda, e rimettiti a loro per quanto riguarda il periodo di preavviso.

SEGRETO n. 19: valuta tutti gli aspetti e non farti prendere dall'entusiasmo. Adotta un comportamento prudente e rispetta i tempi giusti per accettare la nuova proposta e dare le dimissioni dal vecchio lavoro.

Finito questo periodo di transizione comincerai una nuova avventura, dove sono sicuro saprai ancora una volta dimostrare il tuo valore!

RIEPILOGO DEL CAPITOLO 4:

- SEGRETO n. 15: Rispetta i tempi dell'azienda e mantieni un atteggiamento sicuro, tranquillo e non arrogante anche con il manager di riferimento. Fai domande e tieni presenti che è lui la persona che devi convincere nel secondo colloquio.

- SEGRETO n. 16: Non esporti troppo sull'aspetto retributivo e non fingere di guadagnare più di quello che realmente prendi. Adotta una tattica attendista e lascia che l'azienda si esponga per prima.

- SEGRETO n. 17: Non pensare di avercela già fatta e non permettere al pensiero del potenziale nuovo lavoro di avere la priorità su tutto il resto.

- SEGRETO n. 18: Valuta attentamente la proposta di assunzione e non avere paura di pretendere chiarimenti. Presta attenzione che siano presenti tutti gli elementi chiave e prenditi del tempo prima di decidere.

- SEGRETO n. 19: Valuta tutti gli aspetti e non farti prendere dall'entusiasmo. Adotta un comportamento prudente e rispetta i tempi giusti per accettare la nuova proposta e dare le dimissioni dal vecchio lavoro.

Conclusione

Come dicevo all'inizio, i passi che ti ho illustrato in questo corso sono frutto principalmente della mia esperienza personale e, per me, sono stati vincenti appena ho imparato ad applicarli. Ciononostante, come hai potuto vedere anche da alcuni degli esempi che ti ho fatto lungo la narrazione, non sono sempre stato così abile nel sostenere i colloqui, anzi, ho fatto anch'io delle figuracce e ho preso anche io delle porte in faccia.

Non pensare che tutto arrivi subito, non credere che, letto questo corso, immediatamente tutte le persone che ti intervisteranno saranno pronte a consegnarti lettere di assunzione. Certo, le strategie sono valide e gli atteggiamenti consigliati sono quelli giusti, tuttavia, ci vuole del tempo per imparare a modellare, ci vuole allenamento per cogliere al volo i segni e le informazioni giuste da usare in sede di colloquio, ci vuole un po' di esperienza per rendere i nostri riferimenti alle passioni degli interlocutori ben inserite nel nostro discorso. Anche l'ansia è un qualcosa che necessita di abitudine per essere controllata. Il mio ultimo suggerimento è di fare quanti più colloqui possibili, anche per posizioni che ti interessano fino a un certo punto. Questo ti permetterà di abituarti al clima della selezione, a studiare chi ti sta davanti, a fare le ricerche giuste su Internet.

Usa il colloquio come un esercizio, proprio come si ascoltano conversazioni in lingua per imparare l'inglese o si va in palestra per allenare il fisico. Ogni selezione cui partecipi ti rende più forte e più abituato a questo evento. In tal modo, affinerai la tua tecnica, imparerai a usare queste strategie e, perché no, a svilupparne altre che avrai messo a punto tu.

Un'ultimissima cosa prima di salutarti: un colloquio andato male non è la fine del mondo, ma solo un'opportunità per migliorarti, per capire cosa non va e correggerlo. So che la tendenza è quella di prendersela con il selezionatore, la sorte, la giornata, il tempo o non so chi altro. Anche io, quando sono stato rifiutato dall'azienda che produceva arredamento di lusso, mi sono metaforicamente scagliato subito contro la selezionatrice, dandole della psicopatica, della musona, della asociale dentro di me. Poi, con il tempo, ho capito che non aveva senso, che lei aveva fatto semplicemente bene il suo lavoro, ero io che avevo sbagliato l'approccio, perché non mi ero preparato, non avevo curato la mia immagine, non avevo dato importanza all'esposizione del racconto. Tu hai l'opportunità di saltare questa lunga fase di presa di coscienza e partire subito con il piede giusto.

Il tempo necessario per trasformare un normale colloquio in un colloquio vincente sta a te, alle tue capacità e alla tua voglia di applicarti e di raggiungere il successo.
Grazie per la lettura e in bocca al lupo!